U0946775

综合性文稿写作

用科学的方法写出高质量文稿

中国南方电网有限责任公司◎组编

中共中央党校出版社

图书在版编目（CIP）数据

综合性文稿写作：用科学的方法写出高质量文稿 / 中国南方电网有限责任公司组编 . -- 北京 : 中共中央党校出版社，2022.1

ISBN 978-7-5035-7206-7

Ⅰ.①综…　Ⅱ.①中…　Ⅲ.①公文－写作　Ⅳ.①H152.3

中国版本图书馆 CIP 数据核字（2021）第 224544 号

综合性文稿写作——用科学的方法写出高质量文稿

策划统筹　冯　研
责任编辑　王玉兰
责任印制　陈梦楠
责任校对　马　晶
出版发行　中共中央党校出版社
地　　址　北京市海淀区长春桥路 6 号
电　　话　（010）68922815（总编室）　（010）68922233（发行部）
传　　真　（010）68922814
经　　销　全国新华书店
印　　刷　北京盛通印刷股份有限公司
开　　本　710 毫米 ×1000 毫米　1/16
字　　数　219 千字
印　　张　16.25
版　　次　2022 年 1 月第 1 版　2022 年 1 月第 1 次印刷
定　　价　72.00 元

微 信 ID：中共中央党校出版社　　邮　箱：zydxcbs2018@163.com

版权所有 • 侵权必究

如有印装质量问题，请与本社发行部联系调换

编委会名单

主　编： 贺晓柏

副主编： 魏俊杰

成　员： 李　海　王　彬　张　琳　吴晓川

刘振宗　许志海　陈　钢　谢佳婷

王艳春　梁建瑜　王凯琳　杨　帆

前　言

中国是一个文章大国，文以载道、文以辅政、文以鼎新，文章在国家政治运行和社会运转中发挥着重要作用。对于政府机关、国有企事业单位来说，亦是如此。综合性文稿俗称“材料”，是政府机关、国有企事业单位落实党和国家决策部署、实行领导和治理施策的重要载体，也是其政策水平、业务能力和工作作风的集中体现。一篇好的文稿，对于统一思想、凝聚共识、部署推进往往起到事半功倍的效果。如果文稿的质量和应用价值不及预期，就会影响中心工作推进，进而制约战略目标实现。对于个人，文稿起草是每个领导干部、机关工作人员、企业管理人员必备的职业素养，起草过程既是总结成绩、安排工作的过程，也是深入思考、系统梳理的过程，充分体现能力水平和业绩价值。

兵无常势，文无定法，掌握文稿起草方法绝非易事。在具体实践中，很多人一动笔，就会发现诸多问题。比如，对党和国家方针政策的认识不够深入，对形势判断和趋势把握不够敏锐，同时受信息源限制，与领导之间存在突出的信息不对称现象，导致文稿的政治性、战略性存在不足，把握大势、把握全局的能力有待加强。又比如，缺乏写作方法体系的理论基础和实践经验，找不到立意的感觉，谋不定布局，出不了亮点；抑或是，不能对文稿起草过程中涉及的方方面面的素材进行系统化管理，书到用时方恨少。同时，文稿起草往往是一项急难险重的任务，时间紧、任务重、人手不足等矛盾并存，保质保量做好文稿起草工作面临较大的挑战。

文无定法，但有规律。文稿起草没有固定的模式，但仍然有规律可循。将文稿起草作为一项系统性工程，从共性出发，深入系统地研究文稿起草的方法论，具有重要意义。在系统总结写作理论，并结合中国南方电网公司多年以来文稿起草实践经验的基础上，本书提出了“显性化、结构化、团队化、数字化、体系化”的文稿起草方法，总结文稿起草的工作要求、工作规律和基本程序，研究服务文稿写作的政策研究范式，强化人才和技术支撑水平，为文稿起草提供科学的实践指引，促进文稿起草质量、效率提升。

本书的编写由贺晓柏、魏俊杰具体指导，李海负责统筹；第一章、第二章、第三章由王彬、谢佳婷编写；第四章由张琳、王凯琳编写；第五章由吴晓川、梁建瑜编写；第六章由刘振宗、王艳春编写；第七章由许志海编写；第八章由陈钢、杨帆编写。因能力和时间所限，书中错漏在所难免，敬请读者批评指正。

目　录

Contents

第 1 章　写作理论与方法概述

一、我国关于写作学的理论研究成果……3

（一）中国古代及近代写作理论探索……3

（二）中国现当代写作理论发展沿革……4

二、国外关于写作学的研究方法工具……7

（一）写作有规律可循，模式化工具能够帮助我们快速掌握关键技法……7

（二）逻辑思考是写作的关键，金字塔原理是逻辑思考的核心技巧……8

（三）“知识的诅咒”是好人写出烂文章的根源，跳出以自我为中心的写作思维是破解诅咒的良药……9

三、党政机关与国有企事业单位的综合性文稿写作经验……10

（一）文稿写作要经历哪些基本流程……11

（二）如何在文稿写作中准确把握领导意图……11

（三）如何称得上是一篇“好文稿”……13

（四）如何组织写作班子完成文稿任务……13

（五）如何处理不同领导对文稿的不同意见……14

（六）用什么样的精神对待文稿写作……15

第 2 章　综合性文稿的总体要求

一、综合性文稿写作原则 20
（一）符合党的理论路线方针政策 20
（二）善用调查研究的工作方法 21
（三）弘扬马克思主义优良文风 22
二、综合性文稿的基本特征 23
（一）政治性 23
（二）指导性 24
（三）针对性 24
（四）创新性 24
（五）准确性 25
三、起草综合性文稿的要求 25
（一）选题主旨明确 25
（二）立场客观公正 26
（三）内容言简意赅 26
（四）措辞严谨流畅 26
四、不同类型文稿的定位和特点 27
（一）领导讲话 27
（二）工作报告 28
（三）汇报材料 28
（四）调研报告 29
（五）署名文章 30
五、文稿起草的“五化”方法 30

第 3 章　文稿起草的显性化

一、显性化是实现知识创新和共享的基础 35

二、文稿起草显性化要掌握科学的思维方法……38
（一）战略思维……38
（二）辩证思维……39
（三）逻辑思维……39
（四）发散思维……40
三、文稿起草显性化要落脚到写作过程……42
（一）接受任务……43
（二）收集信息……47
（三）谋篇布局……51
（四）撰写初稿……58
（五）修改完善……62
（六）定稿处理……69

第 4 章　文稿起草的结构化

一、什么是文稿起草的结构化……73
（一）什么是结构化思维……74
（二）归纳和演绎……76
二、文稿起草结构化的重要工具——金字塔原理……78
（一）金字塔原理的意义……78
（二）金字塔原理写作原则……80
（三）金字塔原理的核心要素……81
（四）金字塔原理的应用……83
三、结构化写作方法应用……85
（一）背景介绍——撰写引言……85
（二）主体框架——展开内容……92
（三）论点分布——内容充实……98

第 5 章　文稿起草的体系化

一、体系化的主要内涵……105
二、体系化的方法工具……107
（一）素材管理的体系化……107
（二）研究方法的体系化……112
（三）研究工具的体系化……113
三、体系化方法的应用……117
（一）多角度分析……117
（二）具象化表达……122
（三）多维度阐述……124
（四）系统化论述……128

第 6 章　文稿起草的团队化

一、团队化写作概念……139
（一）团队化写作的定义……139
（二）综合性文稿“团队化写作”内涵……140
二、团队化写作的必要性和重要性……142
三、把握文稿规律，打造高水平写作团队……145
（一）建立健全起草团队的组建机制……145
（二）建立健全起草团队运作的机制保障……149
（三）用好团队化写作工作工具……154
（四）打造政治强、业务精、作风好的文稿起草人才队伍……155

第 7 章　文稿起草的数字化

一、什么是文稿起草数字化……161

二、文稿起草数字化的实践……162
（一）智能辅助写作系统的搭建逻辑……162
（二）智能辅助写作系统的功能模块架构……163
三、数字化写作的发展趋势……172
（一）数字化写作的发展历程……172
（二）数字化写作的技术现状……174
（三）数字化写作的特点……176

第 8 章　政策研究的范式

一、范式的基础概念……179
（一）方法论体系……179
（二）社会科学研究范式……182
（三）社会科学方法论……184
（四）社会科学研究类型……186
二、企业政策研究的特征要求……188
（一）从企业属性看企业政策研究的特征……189
（二）从研究性质看企业政策研究的定位……189
（三）从研究设计看企业政策研究的复杂性……189
（四）从研究效用看企业政策研究的整体性……190
三、政策研究过程设计……190
（一）步骤一：研究问题确定……191
（二）步骤二：相关文献综述……196
（三）步骤三：概念操作与研究假设……200
（四）步骤四：研究设计……202
（五）步骤五：研究对象确定与抽样……206
（六）步骤六：研究资料收集……211

（七）步骤七：研究资料分析 212
（八）步骤八：研究理论建构 218
（九）步骤九：研究质量评估 221
（十）步骤十：研究报告撰写 225
四、政策研究基于的哲学原理 231
（一）马克思主义哲学原理 231
（二）辩证思维基本原理 234
（三）系统科学基本原理 238
参考文献 241

第 1 章

写作理论与方法概述

一、我国关于写作学的理论研究成果

二、国外关于写作学的研究方法工具

三、党政机关与国有企事业单位的综合性文稿写作经验

写作是人们整理思想、认识世界的一种方式，是极富于创造性的脑力劳动。《孙子兵法》曰：“兵无常势，文无定法。”古往今来，好文章不拘一格、各有千秋，好笔法五花八门、各显神通。写作没有一套固定不变的模式，不能生搬硬套、墨守成规。

然而，世间万事万物皆有其规律，只是有的显而易见，有的隐晦难明。如《文辩》所云，文章“定体则无，大体则须有”。写作也有必须遵循的基本原则和普遍适用的方法论。

在东西方世界的不同时期，人们为了揭示写作的奥秘，持续不断地开展各式理论研究与实践探索，积累和传承了不少宝贵的思想财富。

一、我国关于写作学的理论研究成果

（一）中国古代及近代写作理论探索

中国自古就是“文章大国”，历代文人墨客关于写作的理论研究源远流长。

西晋陆机的《文赋》，是中国最早系统讨论文学创作问题的论著。南朝刘勰的《文心雕龙》，“体大思精”，引论古今文体及其作法，是我国古代文学理论性著作的集大成者。除此之外，唐代李德裕的《文章论》，宋代朱熹的《朱子语类·论文》、真德秀的《文章正宗纲目》、李耆卿的《文章精义》，明末清初魏际瑞的《论文偶记》，清代刘熙载的《艺概·文概》、唐彪的《读书作文谱》，及至近代出版的《涵芬楼文谈》《汉文典 · 文章典》等，共同构成了中国古代及近代写作理论宝库，对于现代文写作仍然具有较高的借鉴参考价值。

（二）中国现当代写作理论发展沿革

中国现当代关于写作的理论研究在批判继承中不断推陈出新、向前发展，写作学逐渐成为一门独立的学科。自 20 世纪初叶至今，写作学的发展大致经历了三个阶段。

第一阶段在 20 世纪 20—40 年代。五四新文学运动兴起，陈独秀、胡适、鲁迅等文化先驱大力呼吁以白话文写作替代文言文写作，倡导“言文一致”，为写作体式及内容革新、写作大众化创造了条件，涌现出一批深入讲授文章技法的著作。如叶绍钧的《作文论》，初步搭建了“文风·结构·文体·表达”的写作理论框架；陈望道的《作文法讲义》，积极探索了现代文的基本构成要素和文体分类；还有夏丏尊、刘薰宇的《文章作法》，周侯于的《作文述要》，夏丏尊、叶圣陶的《文章讲话》，唐弢的《文章修养》等，共同为现代写作学理论研究打下了坚实基础。

第二阶段在 20 世纪 50—70 年代。这一时期的写作学研究，既充分吸收了先前以文章要素分析写作过程的理论研究成果，又鲜明体现了苏联对新中国写作理论的影响。写作学开始有意识地借鉴语言学、修辞学、逻辑学等相邻学科，从而形成较为系统、完整的“八大块”传统写作理论，代表著作有纪纯的《写作方法：从开头到结尾》、何家槐的《作文基础知识讲话》，以及复旦大学、北京大学等高校各自编写的《写作基础知识》专业教材等。“八大块”写作理论，是指以写作知识体例为框架，把文章的构成因素具体分为绪论、题材、主题、结构、表达、语言、修改、文风等八个组成部分，然后分别介绍文体规范、写作特征和写作方法的理论知识体系。以“八大块”为代表的传统写作理论，提出了一种写作理论范式，是对写作规律的有益探索，于所在时代产生了广泛、深刻的影响。但我们也要看到，该理论将文章本身作为写作学的研究对象，侧重于对写作成品的静态分析，而忽视了对写作过程的动态观察，带有理论视角的片面性。

第三阶段始于20世纪80年代，至今研究不断深入、蓬勃发展。这一时期，以1980年中国写作学会成立和《写作》杂志创刊为标志性事件，学界展开了写作学大讨论，指引写作研究视角逐渐从对研究对象单一的静态分析转变为动静结合，从以写作客体为主转变为主客体相统一，扭转了“以文为本”的片面倾向，转变为“以人为本、人文结合”。传统写作学演变为现代写作学，体系逐步完善。这一时期，大批写作学著述纷纷面世，呈井喷之势，既有《基础写作学》《普通写作学》《写作学概论》《写作学新稿》《写作学高级教程》这样的专业教材，也有《文学创作论》《写作智慧论》《写作运思学引论》这样的理论专题。

具体来说，现代写作学理论有一个从“双重转化论”到“三重转化律”的演进过程。20世纪80年代的双重转化论建立了“物——意——文”写作过程模型。认为写作是由“事物”到“认识”，再由“认识”到“表现”的过程。由“物”到“意”，离不开作者认识并加工生活的“摄制力”；由“意”到“文”，关键在于驾驭文字再现意识的“表现力”。

20世纪90年代，关于写作规律的认识进一步深化，双重转化论升级为“物——感——思——文”三重转化律。在写作特性的认识上，三重转化律认为：第一，每个写作主体都拥有独特的思维和创新的品格，写作是一项个性化的活动，具有个体创造性。因此，人工智能不可能完全替代人的作用。第二，写作是一项手脑并用的劳动，具有实践操作性，勤于思考、勤于练笔才是认识写作规律、掌握写作技巧的不二法门。第三，写作水平的高低，与写作主体的综合素质密切相关，体现了生活阅历、知识结构、语言风格、写作技巧、审美情趣等多种因素，写作具有动态综合性，因此“读万卷书”与“行万里路”同样重要。

在写作规律的认识上，三重转化律认为：写作过程呈现出“物——感——思——文”立体复合状态下的三重转化，由写作内化到写作意化再到写作外化，各环节互逆互动互摄互生。由“物”到“感”称为写作内化，是写作主体基于写作目标与计划，通过发挥主观能动性，有意识地观察、感知和采集外部资讯（有时也不排除无意识的行动），从而化“外物”为“内物”，不断积累写作素材的过程。由“感”到“思”称为写作意化，是写作主体将收集到的写作素材经过发散、收敛等一系列思维和心理活动后，酝酿思想感情、确定文章立意的过程。由“思”到“文”称为写作外化，是写作主体将脑海中的“意态文”符号化，依照行文规则组织成句子、段落、篇章的过程。写作难以一气呵成，通常要经过几轮跳跃式、循环往复的三重转化，才能最终成稿。

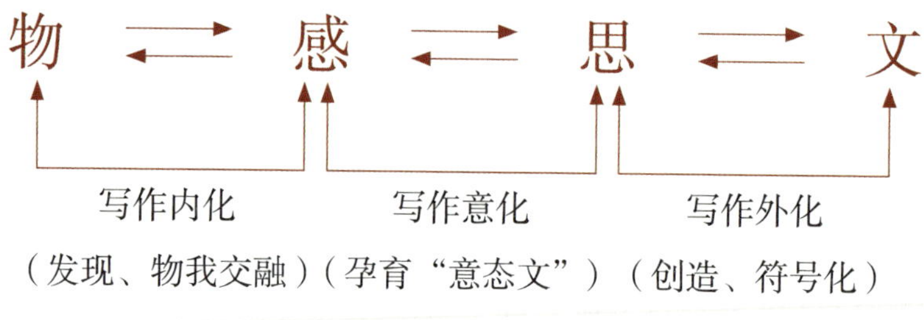

图 1—1　写作过程的“三重转化律”

二、国外关于写作学的研究方法工具

（一）写作有规律可循，模式化工具能够帮助我们快速掌握关键技法

杰拉尔德·格拉夫曾任美国现代语言协会主席，他与凯茜·比肯施泰因合著的书籍《高效写作的秘密》[①]，是美国1500多所大学的指定写作教材。该书主要阐述文学评论写作、社会科学写作、自然科学写作的要领，将写作中说服性论证的关键技法总结为易懂实用的45类262个模板，旨在帮助学生掌握写作的基本方法。

在广泛翻阅世界主要国家在不同时期的各类写作书籍之后，笔者深深感受到，虽然作者基于学科背景与从业经历，在写作方向上各有侧重，但无论论文写作也好，商务文案写作也好，他们在某些核心问题上的观点几乎是完全一致的：第一，要写出优秀的文章，思维比技法更重要；第二，培养写作思维，首先从学习技法开始；第三，成熟的模板、工具，对于快速掌握写作技法大有裨益。因此，看上去并非"大而全"的写作书籍，只要优秀，便值得一读，因为它的延伸应用，对各类写作都有指导意义——写作是有规律的，一理通、百理明。

回到《高效写作的秘密》，该书前言部分开宗明义地谈到了上述观点。部分批评人士指出，运用模板写作是向指令式教学的倒退，这种消极的被动式学习，无异于教学生写"八股文"。对此，作者反驳的理由是：死板的写作教学确实会把学生错误地引向被动学习，将写作行为与生动的社会实践隔绝开来，消磨创造力。但是，"模板的目的不是压抑批判性思维，而是向学生点出批判性思维中的关键技法。我们鼓励学生

① 〔美〕杰拉尔德·格拉夫、凯茜·比肯施泰因：《高效写作的秘密》，天地出版社2019年版。

修改、调整这些模板，以适应具体论证的需要，通过公式来学习并不一定会导致思考和写作本身的公式化”。追溯西方历史，早在古希腊、古罗马、文艺复兴时期就有研究模板、使用模板的传统，公开演讲者研究修辞学上的 topoi（意为“常规”），其实就是在总结演讲、辩论、写作的套路，形成范本和公式。今天我们通过模板学习写作，实际上就是延续了效仿范例的古典修辞学传统。从实际情况来看，或许个别写作老手可以通过阅读，自然而然地掌握技法，但大部分学生做不到，如果靠他们自己去悟，要全面掌握书中总结的思考规律和写作技法会花费非常多的时间，甚至无法达成。因此，我们相信学生需要模板，需要将技法用明晰的方式呈现出来。

（二）逻辑思考是写作的关键，金字塔原理是逻辑思考的核心技巧

日本的高杉尚孝著有《麦肯锡教我的写作武器——从逻辑思考到文案写作》[①]一书，以基础理论加实践案例的形式，详细介绍了世界一流企业商务文案写作的关键技巧，是一本帮助学习“逻辑思考”和“明确表达”的实用工具书。该书指出，想要提升写作技巧，顺利写出一篇兼具逻辑思考和明确表达的文章与报告，首先必须培养逻辑思考能力，有效的工具方法包括“金字塔原理”和“MECE”。写文章如同盖房子，未经设计便匆忙落笔，容易越写越偏，导致主张模糊、脉络不明，反而要花费更多时间修改。因此，文章主题和信息的设计非常重要，而金字塔结构是最有效的设计图。MECE 是英文“Mutually Exclusive Collectively Exhaustive”的缩写，意为“不重复、不遗漏”，是应用金字塔原理进行思考和写作活动的逻辑要求。构建主题金字塔时，除了要考虑主题的数量和金字塔的形态，还应重点考察各主题之间是否做到了分类准确、没

① 〔日〕高杉尚孝：《麦肯锡教我的写作武器——从逻辑思考到文案写作》，北京联合出版公司 2013 年版。

有重复（符合排他性），同时囊括全部的重要条目，没有遗漏（符合完整性）。按照 MECE 原则搭建的主题金字塔，反映出富有逻辑性的思考脉络，可以成为我们的写作提纲。对应主题将相应信息分层分类插入“不重复、不遗漏”的金字塔结构，便可完成信息金字塔的搭建，整篇文章的大致模样也将浮出水面。

（三）“知识的诅咒”是好人写出烂文章的根源，跳出以自我为中心的写作思维是破解诅咒的良药

美国著名认知科学家、科普作家史蒂芬 · 平克教授的《风格感觉：21 世纪写作指南》[①]一书，从语言学角度关注英文写作，推崇新千年的古典写作风格。虽然中英文语法体系有着巨大差异，但语法之外的思考与写作逻辑是彼此共通的，“风格的许多原理是普遍适用的”。

平克教授指出，保持清晰连贯、简洁明了的写作风格非常重要，因为“风格确保作者清楚传达信息”“风格赢得信任”“风格给世界增加美”。对于那些有过写作经历，但经验不够丰富、又想进一步提高写作水平的人们来说，要“在阅读中发现、欣赏，并对好作品进行逆向工程，破解它们好在何处”，从而习得更高级的写作技巧；也要主动改掉写作中的坏习惯，采取一切行动避免将文章写得晦涩难懂。

为什么知道怎么写并且想写得更好的人却往往写出晦涩难懂的坏文章？该书提出概念“知识的诅咒”（Curse of Knowledge）来解释这种现象：你难以想象，你所知道的事情在不知道这件事的人看来是什么样子，因为你对一样东西知道得越多，就越容易忘记它当初学起来有多难。作者意识不到，读者并不知道他所掌握的知识，也不熟悉他业内的行话，不能领悟他觉得简单得不值一提而故意忽略的推导步骤，更无法想象对他来说明若白昼的场景。因此，文章充斥了大量的术语、缩略语

① 〔美〕史蒂芬·平克：《风格感觉：21 世纪写作指南》，机械工业出版社 2018 年版。

和技术名词，模糊不明的缓冲地带和不假思索的陈词滥调，文字传递信息的功能大打折扣。

那么，作者如何才能摆脱“知识的诅咒”呢？一条老生常谈的建议是保持同理心，时刻提醒自己从读者的角度思考、与读者同步，但这在实践中难以完全做到。更有建设性的方法是，“把文稿给读者和自己看”：把文稿给那些与目标受众相似的读者看，看他们能否看懂；把文稿给自己看，最好是等到连自己都不熟悉文章内容的时候看，通过反复自问发现问题，通过反复修改臻于完善。

克服“知识的诅咒”，归根结底是“要一直努力跳出自己狭隘的思维模式，发现别人的所思所感。虽然这不一定能使你在生活各方面都变成更好的人，但它将成为你对读者保持恒久善意的源泉”。这是写作建议，也是道德劝诫。

三、党政机关与国有企事业单位的综合性文稿写作经验

古今中外的写作学理论研究成果，为我们培育良好的文学修养与写作素养奠定了基础。伴随现代科学理论兴起的关于写作方法工具的实践探索，为我们正确认识、掌握、运用写作规律推开了另一扇窗。

从广义的写作聚焦到领导讲话、研究报告、理论文章等综合性文稿写作，除了坚持学习领悟写作学的基本原理，我们还要把目光投向党政机关与国有企事业单位丰富生动的写作实践，从“笔杆子”“大手笔”的文章著作、培训授课、口耳相传中汲取养分。

（一）文稿写作要经历哪些基本流程

介绍文稿写作经验的书籍文章，通常都从文稿起草的基本流程开始讲起，虽然具体表述各有侧重，但本质上大同小异、有迹可循。

雄文的《文稿，还能这样写——出彩写作法：一个老写手的隐性经验》运用创思原理和套系原理，创设“出彩写作法六子路径”，将文稿写作过程归纳为拉条子（激发思维）、敲盘子（聚焦立意）、捋路子（理顺逻辑）、做套子（系统成套）、装模子（组装赋形）、过稿子（打磨定稿）六个步骤。[①]

胡森林《公文高手的修炼之道——笔杆子的写作必修课》将公文写作成稿划分为七个环节，分别是定调子（确定写作意图）、理路子（推敲写作思路）、搭架子（拟出写作提纲）、填肚子（填充写作材料）、梳辫子（梳理文章初稿）、戴帽子（修改文稿观点）和过稿子（反复修改文稿）。[②]

马国华在《秘书工作》杂志发表文章《文稿起草“八步法”》，将文稿起草过程分解为受命（接受任务）、会意（领会领导意图）、破题（确定文稿主题）、蓄势（做好思想理论和资料数据准备）、图构（形成提纲和观点）、绘事（增强文稿针对性）、润色（锤炼文稿风格）、成文（完善和定稿）八个阶段。[③]

（二）如何在文稿写作中准确把握领导意图

领会与拓展领导意图，是横亘在写作新手面前的一道难关。接到讲话稿写作任务，往往最发愁犯难的不是手头没资料，而是把不准、摸不透领导打算讲什么、怎么讲。围绕“如何领会领导意图，领导意图不明

---

① 雄文：《文稿，还能这样写——出彩写作法：一个老写手的隐性经验》，中译出版社 2017 年版。

② 胡森林：《公文高手的修炼之道——笔杆子的写作必修课》，人民邮电出版社 2018 年版。

③ 马国华：《文稿起草“八步法”》，《秘书工作》2016 年第 7 期。

确、不完善或没有交代意图时怎么办”的问题，谢亦森在《大手笔是怎样炼成的——资深老秘书的公文写作秘笈（理论篇）》中分享了多年来的实战心法。①

领导交代意图时，先一字不漏全部记下来，然后再加工。如果领导经过缜密思考，讲出来的思路已经很成熟、成系统，记下后稍加整理就能用作文章框架。如果领导还没来得及深入思考，交代得不够系统连贯，或者只说了个大概，那也要把原话记录下来，然后认真琢磨：领导心里想的是什么？他想表达什么意思？还有什么话想说而没说出来？琢磨清楚后加以梳理、完善和发挥，使领导的思路逐步清晰、完整。

领导没有事先交代意图，而是要求先列提纲时，需发挥主观能动性，调用知识积累，深入分析思考。一是根据会议主题和上级有关要求，结合本地区本单位的实际情况，揣摩和推测领导可能要讲什么；二是根据领导历次讲话的特点和平常与领导的接触，弄清楚领导喜欢讲什么。

把握领导意图，功夫多在平时。与领导交谈，陪同领导参加活动或基层调研，听领导在一些场合的即席讲话，都是捕捉领导意图的好机会。日常注意积累，把这些看似零散的东西记录下来、集中分析，就不难发现领导的关注点与兴奋点，了解领导的思想脉络和思维习惯，做到临阵不慌。

把握领导意图，不等于绝对的“奉命行事”。在写作交流过程中如果发现不妥，应大胆向领导提出，争取认可。唯唯诺诺、原文直录，看似尊重领导，实则是对上级、对工作不负责任。领会与拓展领导意图，是秘书发挥参谋助手作用，实现“以文辅政”的重要方面。

① 谢亦森：《大手笔是怎样炼成的——资深老秘书的公文写作秘笈（理论篇）》，长江文艺出版社2013年版。

（三）如何称得上是一篇“好文稿”

臧杰斌在文章《谈谈文稿服务中的几点体会》中，将文稿拆解为四个部分，并形象地比喻为人的“筋骨与皮肉”。[①] 筋，指文稿的立意、思路；骨，指文稿的结构、层次；皮，指文稿的格式、规范；肉，指文稿的语言、论述。筋骨决定皮肉。因此，立意和结构才是文稿质量的根本性、决定性因素。

文稿的立意要高。学会“画老虎”，树立全局观、战略观，从具体的事例材料中跳脱出来，提出总体思路和原则性意见；学会“嚼甘蔗”，舍得花费大量时间精力定立意、出思路、拟提纲，持续不断修正完善；学会“找感觉”，找到面向特定对象讲话的现场感，搞清楚以什么角度讲，以谁的名义讲，对谁讲，最后要达到什么目的。

文稿的层次要分明。文稿框架要像“虎头、猪肚、豹尾”。所谓虎头，就是开门见山点明主旨，提纲挈领，恢宏大气，有虎虎生威之气势。所谓猪肚，就是论述描写充实而不贫瘠，衔接过渡自然而不突兀，就像猪的肚子一样丰满圆润。所谓豹尾，就是当止则止，像豹的尾巴一样简洁有力，宁可留有余韵未尽，也不作画蛇添足的赘述。

文稿的论述要充分。把握好论点与论证的关系，不唱不着边际的高调，多用事实说话，把数据案例摆清楚、微观机制搞清楚、因果关系讲清楚。把握好目标与手段的关系，少提泛泛的要求，多讲具体的策略、方法、途径和措施。把握好宏观与微观的关系，起点高、落点实。把握好论述的切入点，破题新颖、一语中的、着眼全局、“四两拨千斤”。

（四）如何组织写作班子完成文稿任务

政策性、理论性、指导性较强的综合性文稿，大多采用团队作战的方式共同起草。但分工合作而成的文稿，容易出现前后风格不一致、逻

① 臧杰斌：《谈谈文稿服务中的几点体会》，《秘书工作》2017 年第 5 期。

辑不统一、内容不协调、脉络不贯通等问题。李雪勤在《怎样起草文稿》一书中介绍了以组织者身份搭班子、写稿子的经验。[①]

发挥好集体智慧，提纲及修改“全体动员”。文稿主题确定、资料收集完成后，在全体成员中共享，并要求分头列出完整的提纲；然后组织讨论提纲，依照职务由低到高的顺序分别发言，再由组长综合意见、取长补短、修改定稿。提纲确定后，成员按照分工完成各自部分的文稿任务，然后由组长合成一个稿子，按照做提纲时的方法再次组织讨论、统稿修改。发回成员分头修改时，要求直接改成花脸稿，便于检查意见落实情况、检验人员写作水平。

组织起草文稿者要发挥“定盘星”的作用。一方面，要善于协调处理不同意见。综合性文稿涉及不同部门和单位，由于各自专业、利益不同，可能对同一问题会有不同意见。此时，组长既要兼听则明，耐心听取大家的意见建议，又不能人云亦云，应把握全局，把能够采纳的意见尽量采纳，能够兼顾的意见尽量兼顾，实在不能采纳的也要解释清楚，一切以大局为重。另一方面，不要轻易上手修改。在文稿形成过程中，要给大家留足修改调整的空间，除非别人确实改不动了，组长才上手作最后的修改、润色、定稿。如果过早进行修改，其他同志往往不敢再动，从而影响文稿起草的效率和质量。

（五）如何处理不同领导对文稿的不同意见

上面已经提到文稿起草过程中处理不同部门和单位不同意见的方法，其实处理和协调不同领导的不同意见也是同样道理。《怎样起草文稿》延伸谈到了该种情形下应当坚持的“三个原则”。

坚持“结合论”。尽量把方方面面好的意见和建议都吸收进来，结合起来，形成一个思想性、政策性、包容性很强的文稿，增强文稿的指

① 李雪勤:《怎样起草文稿》，浙江人民出版社 2019 年版。

导性和操作性。

坚持“主导性”。担起主导文稿起草工作的责任，站在全局的高度把握、协调不同意见，既要保持文稿的高度和质量，又要形成最大共识，使文稿最大限度地发挥作用。

坚持“合适性”。领导提出的一些与文稿主题相关性不大的内容，如果确实重要，可通过增、删、调、改，尽量纳入到文稿的逻辑框架之中，使之成为有机组成部分。如果既不合适，意义也不大，不妨大胆删了去。

（六）用什么样的精神对待文稿写作

杨伟民在清华大学公共管理学院 2018 年夏季毕业典礼上，向即将步入社会的毕业生们分享了 30 多年来在政府部门起草文稿的经验，总结为起草文稿的“五要、五不要”。

要研究，不要写文章。好的文稿是研究出来的，不是做文章做出来的。写不出来、写不好的，肯定是因为没有想法，没有想法肯定是因为研究不够。研究贯穿一篇文稿从拉提纲到成稿几十遍反反复复的修改之中。

要思考，不要浅尝辄止。对任何问题都要深入思考，刨根问底，多问自己几个为什么，像剥洋葱一样，由表及里，一层层剥，找出最终的病根。这样形成的看法，肯定是独特的。

要创新，不要人云亦云。创新是起草文稿的灵魂。解决中国特有的发展难题，既不能全盘照搬马克思政治经济学，也不能完全套用西方经济学，必须敢想，敢于突破理论的、体制的条条框框，要有创新性思维、超前性意识。

要坚持，不要轻言妥协。真理是坚持下来的。“不唯书、不唯上，只唯实”应该成为文稿起草者的职业准则。对各方面意见，有些不得不妥协；有些能坚持就坚持，能坚持多久就坚持多久。坚持下来的内容，往往是最亮眼的、最有用的。

要动手，不要捉刀代笔。坚持自己动手、自己动笔、自己动脑，一个字一个字地写，一个标点一个标点地抠。即便职务升迁走上领导岗位，在起草文稿这件事情上也要坚持自己动手，而且往往职位越高，写得越多。皆因：要动手，是要把握文稿之魂。各个部分可以分工负责、写出初稿，但好的文稿，要求主持者按照统一的想法统稿修改，这样才能有贯穿全篇的思想，一以贯之的逻辑。要动手，是职责所在。起草文稿也是一种权力，是对决策的影响力。手中这支笔，重如泰山，自己不动笔，就意味着放弃了权力，更是一种失职。要动手，也是个人成长的需要。大脑要用，文笔要练。不动脑，就出不了好主意，不动手，就练不出好文笔。没有好主意、好文笔，就跟不上时代，随时会被时代“调整”掉。要动手，是因为把起草文稿当作事业。这样，就能写出乐趣、写出快乐、写出人生价值。

在多数人看来，写作是一件苦活、累活，既需要一定的天赋，更需要持之以恒、久久为功的学思践悟。当起草文稿成为工作中必不可少的一部分，甚至上升为主责主业时，其中的酸甜苦辣只有自己才能真切体会。把文稿写作坚持下去，并且越写越好，或许更多地取决于你用什么样的精神对待写作，而非单纯地学习写作技能本身。“写我所思、笔耕不辍”，是一切的前提。

第 2 章

综合性文稿的总体要求

一、综合性文稿写作原则
二、综合性文稿的基本特征
三、起草综合性文稿的要求
四、不同类型文稿的定位和特点
五、文稿起草的“五化”方法

综合性文稿，广义上讲是党政机关、国有企事业单位在实施领导、履行职能、处理公务过程中形成的文字材料，一般包括决议、决定、通知、通报、报告、请示、纪要等行政类公文和领导讲话、工作报告、汇报材料、调研报告、署名文章、主持词、致辞、信函、批示、作序、题词等事务类文书。

行政类公文具有特定效力和规范体式，在有关公文管理办法中都有明确的规定。事务类文书是在传达贯彻上级方针政策、安排生产经营工作、开展公务活动、调查研究问题等过程中形成的，应用十分广泛，对于实施管理、沟通信息、指导工作具有重要作用。

《党政机关公文处理工作条例》关于公文的要求

第十九条　公文起草应当做到：

（一）符合党的理论路线方针政策和国家法律法规，完整准确体现发文机关意图，并同现行有关公文相衔接。

（二）一切从实际出发，分析问题实事求是，所提政策措施和办法切实可行。

（三）内容简洁，主题突出，观点鲜明，结构严谨，表述准确，文字精练。

（四）文种正确，格式规范。

（五）深入调查研究，充分进行论证，广泛听取意见。

（六）公文涉及其他地区或者部门职权范围内的事项，起草单位必须征求相关地区或者部门意见，力求达成一致。

（七）机关负责人应当主持、指导重要公文起草工作。

相比于行政类公文，事务类文书内容更加丰富，结构更加复杂，要求更加多样，更需要系统性的方法进行指导。鉴于此，本书所述综合性文稿，特指事务类文书。

一、综合性文稿写作原则

我们党历来重视文稿起草工作，把“笔杆子”和“枪杆子”放在一起，作为取得政权和治理国家的重要方法。党中央的会议精神、政策文件和领导同志的讲话，都是以文稿的形式呈现。文稿是党的政治理念的具体载体，是用以指导各方面工作的政策措施，也是中国特色传统和现代理念相结合的治国理政的重要手段。历任党和国家领导人在不同时期、不同场合，对拿好“笔杆子”作出了重要论述。归纳起来，综合性文稿起草应符合以下原则。

（一）符合党的理论路线方针政策

不能背离马列主义基本原理，不能背离党的路线方针政策和国家工作的总体要求，切忌触碰“政治性硬伤”的红线。因此，写好综合性文稿，必须提高政治站位，加强理论武装，掌握辩证唯物主义和历史唯物主义基本原理和方法论，以习近平新时代中国特色社会主义思想为指导，坚持正确的政治立场和政治方向，认真贯彻落实党的路线方针政策，自觉把工作放到党和国家发展大局中去思考、定位、谋划，坚持在大局下行动，为全局作贡献。

（二）善用调查研究的工作方法

机关公文与文学作品的显著区别，在于公文始终致力于推动工作、解决问题。综合性文稿传达政策要求、总结经验教训、提出观点思路、布置具体工作，直接为决策服务、为领导工作服务，具有极强的针对性和实用性。若不能解决实际问题，即便文稿立意高远、结构工整、文采飞扬，也达不到“及格线”。

毛泽东是中国共产党重视调查研究的杰出代表。他在《改造我们的学习》《反对本本主义》《中共中央关于调查研究的决定》等多篇著作中，都对调查研究作过深刻阐述。他将一知半解、照本宣科之人比作“墙上芦苇，头重脚轻根底浅；山间竹笋，嘴尖皮厚腹中空”，对“空话连篇，言之无物”“装腔作势，借以吓人”“无的放矢，不看对象”等“党八股”进行严厉批判，告诫我们“马克思主义的‘本本’是要学习的，但是必须同我国的实际情况相结合”，“不根据实际情况进行讨论和审察，一味盲目执行，这种单纯建立在‘上级’观念上的形式主义的态度是很不对的”，要求“任何机关做决定，发指示，任何同志写文章，做演说，一概要靠马克思列宁主义的真理，要靠有用”，“应当从客观存在着的实际事物出发，从其中引出规律，作为我们行动的先导”，反复强调“不做调查就没有发言权，不做正确的调查同样没有发言权”。

习近平总书记亦十分推崇运用调查研究的工作方法观察问题、分析问题和解决问题，曾在“之江新语”专栏就“改进调查研究”的话题发表过三篇短论。《调查研究就像“十月怀胎”》引述陈云同志的观点“领导机关制定政策，要用百分之九十以上的时间作调查研究工作，最后讨论作决定用不到百分之十的时间就够了”，“为什么我们现在有些决策的针对性和可操作性不强，说到底，根子还是在于调查研究少了一点”，指出“调查研究的过程就是科学决策的过程，千万省略不得、马虎不得”。另外两篇短论《调研工作务求“深、实、细、准、效”》《调查研究要点面结合》，则从方法论的层面对如何开展调查研究提出了具体要求。

因此，写好综合性文稿，应力戒形式主义和官僚主义，避免“为文而文”，要坚持实事求是的科学态度，“不唯书，不唯上，只唯实”，善于运用调查研究的工作方法，在充分占有客观分析第一手资料、对实际情况摸清摸透的基础上，提出新思想、新观点、新论断、新举措，切实推动工作、解决问题。

（三）弘扬马克思主义优良文风

文风体现作风。毛泽东对“党八股”进行了淋漓尽致的批判，号召全党抛弃“洋八股”和“党八股”，采取生动活泼、新鲜有力的马克思主义文风。他多次强调，“文章和文件都应当具有这样三种性质：准确性、鲜明性和生动性”。邓小平大力倡导并率先垂范开短会、讲短话、讲实话、讲新话，他反复强调，“我们开会，做报告，做决议，以及做任何工作，都为的是解决问题”。江泽民同志在党的作风建设上提出了“八个坚持、八个反对”的重要思想，强调要纠正不良文风。胡锦涛同志在党的十七届四中全会上指出，“从领导机关做起，大力整治文风会风，提倡开短会、讲短话、讲管用的话，力戒空话套话”。

党的十八大以来，习近平总书记高度重视文风建设，要求各级机关和领导干部带头克服“假、大、空”的不良文风，倡导“短、实、新”的优良文风。短，就是要开门见山，直截了当，讲完即止，用尽可能少的篇幅，把问题说清、说深、说透。但并非长文一概不好，要坚持内容决定形式，当长则长，当短则短，倡导短风，狠刹长风。实，就是要实话实说，不夸大成绩，不掩饰问题；分析问题要客观全面，指出现象，弄清本质；阐述对策要有针对性和可操作性；语言朴实，深入浅出，有感而发，情真意切。新，就是要力求思想深刻、富有新意，可以是探寻规律、认识真理有新发现，可以是把中央精神和上级要求与本地区、本部门、本单位实际结合，提出新理念、新思路、新举措，也可以是写作的新角度、新材料、新语言。但讲求新意要与搞文字游戏的刻意求新区分开来，不允许在背离马克思主义立场观点方法、背离党的路线方针政策方面标新立异。

二、综合性文稿的基本特征

虽然不同类型的文稿在内容上、文风上体现不同的特点，但仍然具有一般性的基本特征，体现为政治性、指导性、针对性、创新性和准确性。

（一）政治性

所谓以文辅政，就是以文稿的形式推动党和国家决策部署贯彻落实，推动涉及全局的重点难点工作研究解决，发挥好为领导决策服务的“智囊团”“参谋部”作用。能否做到以文辅政，首要的是旗帜鲜明讲政治，必须增强政治意识，善于从政治上看问题，善于把握政治大局，不断提高政治判断力、政治领悟力、政治执行力。要对党中央精神深入学习、融会贯通，尤其是对习近平总书记重要讲话和重要指示批示、党和国家的重要文件要原原本本学，深刻领会蕴含其中的理论观点、战略思想、政治意图和政策取向，坚持以马克思主义立场、观点、方法和党的创新理论成果武装头脑，并贯穿到文稿起草全过程。要坚决贯彻落实上级决策部署，结合实际情况，将有关部署要求细化具体化为落实举措，并通过文稿的方式给予部署安排，确保不折不扣贯彻落实。同时，要符合法律法规、党纪条例和政策文件要求。

（二）指导性

文稿要有价值、要“有用”。综合性文稿的作用主要是指导工作，具有传达决策、实施领导意图的功能。传达的精神、提出的观点要准确、要正确，说得要在理，要有指导意义，能让人接受。提出的意见、谋划的工作措施要符合实际情况，说在点子上，要突出指导性和可操作性，否则就会“下笔千言、离题万里”。必须掌握实际情况，了解政策法规，善于谋划解决实际问题的思路和措施。在摸清基层事情、作出分析判断的基础上，总结提炼出切实可行的工作思路和解决方法。

（三）针对性

综合性文稿是为特定的对象、针对特定的事项准备的，这就决定了在文稿起草的过程中，要根据文稿使用者和文稿受众的不同，根据事项的不同，有针对性地、有所侧重地谋篇布局、选取内容、论述观点。比如起草领导讲话，就要了解清楚会议召开的有关背景、场合规模的大小、讲话对象的身份构成和知识水平的高低，从而有针对性地构思文稿的结构和内容。在起草的过程中，也要突出问题导向、目标导向，使得讲话更有针对性，更有侧重点，而不是泛泛而谈。

（四）创新性

创新是起草文稿的灵魂。文章常作常新的办法，一是观点上与时俱进，阐述新政策新提法，分析新形势新情况，不能老调重弹，人云亦云。二是思路上别开生面，拓宽思维，开拓新视野、提出新见解。三是角度上另辟蹊径，讲新话出新意，即使老话题，也要旧料新用，老话新讲。立意有深度、有新意，不落俗套，才能吸引读者，引人入胜。

（五）准确性

文稿讲究准确，符合实际、没有歧义。“一字入公文，九牛拔不出”。事实、数据不能夸大、缩小，不能歪曲和编造。语句要完整，省略有省略的规则，不能让人费解、不知所云。用词要严格，同义词要仔细分辨，清楚每个词在词义轻重、范围大小、适用对象、感情色彩上的差异。尽量不使用模棱两可的词语。

三、起草综合性文稿的要求

（一）选题主旨明确

起草文稿首要在明确主旨。坚持问题导向，善于找准主要问题，特别是善于抓住主要矛盾和矛盾的主要方面。要把握事业发展的大环境，通过找准本地区、本单位、本部门工作在整个国家事业发展大局中的地位和作用，来领会领导意图。遵循事业自身发展的大逻辑，通过把握本地区、本单位、本部门工作的规律和特点、进展和要求，来领会领导意图。紧扣领导的关注点，通过关注和思考领导的批示指示，来领会领导的意图。要吃透“上头”，认真学习党和国家的方针政策，认真领会上级有关指示精神，并能准确运用。吃透“下头”，了解基层各方面的情况、掌握基层在想什么、盼什么。在此基础上，确立中心思想、亮明观点、准确表达意图、紧紧围绕主题来写作。在确定围绕什么主题、表明哪种看法或认识、找出关键点之后，就要进一步收集相关素材来支撑全文中心。因此材料的收集要尽量丰富，尽可能为主线服务，相关的政策、文件及领导的讲话及实际情况等尽量详实可靠，有关数据支持也要务求真实准确。

（二）立场客观公正

立场的选取决定了人们对文章的认识具有偏差性。无论写哪种类型的公文，都要做好通篇文章的定位，注意角度的选取，尽可能地减少阅读者或是聆听者在思想上、认识上的误差。要注意全文立场选取的切入点，注意对人称的转换，对观点、态度、事物或现象本身的阐述要从客观的角度出发，坚持实事求是的原则，切忌言过其实地夸大事物本身，对于措施、对策类也应注意兼顾公平合理的原则，这样，文章才更容易被人们接纳。

（三）内容言简意赅

繁与简不仅是文风的问题，也是思想与工作作风的问题。在公文写作中，更要陈言务去，简洁有力，做到“一掴一掌血、一鞭一条痕”。“简”体现在形式和内容上。在起草文稿时，一定要诚恳务实、敢于讲真话，要站在和读者同样的立场，提问题、摆事实，要与读者一同思考、一同探讨，共同寻求解决的方案和对策。要把握好主要矛盾与次要矛盾之间的关系，次要矛盾且可一笔带过的内容则无需赘述。

（四）措辞严谨流畅

作为公文性质的文章，具有一定的权威性与严肃性。因此行文所到之处必须要有字斟句酌的严谨与反复推敲的基底。要注重信、达、雅。“信”，即文章要忠实于事实，最基本的要求是内容和数据不能有误，任何内容都要有出处和根据。其次要处理好客观和主观的关系，文章特别是讲话材料绝不是科研报告，不允许任何主观的见解。客观的见解也要基于对事实的推理和归纳，而不是闭门造车、纸上谈兵。最后，“信”还要求不能人为拔高或贬低，对事物的评价，要中肯和妥当。“达”则要求文章行云流水，最基本的是符合语言规范和人们的阅读习惯，不能有会产生歧义和影响阅读效率的内容。其次要抓住本质、切中要害，力求用简短的文字把高深的问题讲清楚，化繁为简。“雅”则上升到美学的范畴，有两层含义：一是更通畅地、更传神地传达深意，同样的意思，不同的表达方式往往收到不同的效果；二是勇于开拓创新，力求有创意、有观点、有亮点，这是文章真正的生命力所在。

四、不同类型文稿的定位和特点

本部分重点对领导讲话、工作报告、汇报材料、调研报告、署名文章等常用文稿的定位和特点进行说明。

（一）领导讲话

领导讲话指各级领导为安排部署推进工作，在重要会议场合所作的带有指示或指导性讲话时所用的文稿，是领导从事管理活动的重要载体和手段，也是所有综合性文稿中使用最频繁、要求最高、起草难度最大的。会议类别和内容各有不同，比如综合性会议和专业性会议、周期性会议和专项会议、部署类会议和座谈类会议等，相应的，领导讲话也各有侧重。总的来说，领导讲话必须体现“领”和“导”的作用，充分表达领导的思想和主张，体现领导的风格和特点，反映领导的能力和水平，达到起点高、立意深、“语适其位”的效果。

具体而言，领导讲话主要有以下特点：一是全局性。讲话稿的内容必然要关系到全局工作，体现领导负责工作的面貌。因此，立意要从全局出发、从领导的角度出发，符合讲话者的身份。二是号召性。领导讲话的目的是提出目标要求、部署工作任务，鼓励广大受众为完成目标而努力。因此，在讲话中要阐述某项工作的重要意义和目的，用语应该循循善诱、晓之以理、动之以情。三是指令性。讲话稿表达了领导的意见或看法，将成为一段时期内全局性、指导性的意见，并作为开展工作的重要依据，体现了权威效能。同时也要求，领导讲话必须克服随意性，所谓“军中无戏言”，要提高精准性，观点要精准、信息要精准、表述要精准，做到严谨严谨再严谨、认真认真再认真。

（二）工作报告

工作报告指各级领导代表班子或个人就全面工作或某个方面的工作，向上级主管部门、本单位领导机关或职工群众所作的，关于一段时期内履职情况的汇报或陈述。比如，在职工代表大会上所作的工作报告、在专业会议上就某一领域工作的报告等。工作报告是评议任职能力、接受考核监督的重要载体。

工作报告主要有以下特点：一是全面性。要全面总结盘点过往工作，全面反映过去一个阶段的工作成效，一般不能有大的遗漏。二是条理性。在工作内容多、事项杂的情况下，一般要进行提炼归纳总结，突出重点，避免零乱无序。三是真实性。内容要符合实际，不能虚构或者夸大，表达方式以陈述、说明为主，把事情交代清楚，充分显示内容的真实和材料的客观。

（三）汇报材料

汇报材料是指在机关公务活动中产生的、用于下级向上级汇报工作、反映情况的非规范体例的公文。在实事求是的基础上，上级领导想听什么，就汇报什么。汇报内容要紧扣听汇报者的意图，紧扣听汇报者的心理，紧扣听汇报者的职责和分管的工作，汇报的思路和语言要尽量适应听汇报者的思维特点和语言风格。汇报材料要脉络清晰，挖掘亮点，突出特点，把最吸引人、最突出、最有特色的内容放到最靠前的位置。

汇报材料主要有以下特点：一是鲜明的针对性。无论是专题汇报材料，还是综合性汇报材料，都紧紧围绕某一事物的中心，反映某一事物最需要反映的问题，回答上级领导最关心、最想了解的问题。二是文体的兼容性。汇报材料的作用与“报告”相似，都是用于对上反映情况、报告工作、提出建议等，其内容又与相关公文的内容比较接近。三是使用的灵活性。相对于规范性公文而言，汇报材料的使用较为灵活，既可以采用书面的形式传达，也可以当面汇报；既可以在上级召开的重要会议等正式场合汇报，也可以在非正式场合汇报。

（四）调研报告

调研报告是在调查研究的基础上，对某一类问题或某一项工作提出的总结研究材料。调研报告可以为决策部署的研究制定提供有价值的第一手材料，为领导掌握情况、研究问题、科学决策提供依据，应用范围十分广泛。根据内容的不同，调研报告可以分为基本情况调研报告、新生事物调研报告、典型经验调研报告和揭露问题调研报告等。一般来讲，调研报告重点阐述三方面内容，即是什么、为什么、怎么办，“是什么”主要是摆事实；“为什么”重点是分析问题和原因；“怎么办”则应提出对策建议。

调研报告主要有以下特点：一是真实性。真实是调研报告的生命。要结合实际调查研究的情况，实事求是地反映和分析客观事实。有关内容的表述都要以大量的充分确凿的事实作为依据。二是典型性。要选取挖掘最具特色、最有推广价值的案例，总结提炼出一般规律和先进经验。典型性既体现在调研选题上，也体现在调研对象上。三是启发性。要通过调查研究，充分揭示出事物的客观规律，并对解决某一问题或者做好某项工作提出有针对性、可操作的意见建议，促进问题的解决和工作的开展。

（五）署名文章

署名文章一般指在报刊杂志、参阅件等载体上发表的，以特定人或者特定组织署名的文章。比如，《求是》杂志定期刊登习近平总书记的署名文章，《人民日报》、新华社、《光明日报》等发表评论员文章，《学习时报》发表理论文章等。发表的刊物不同，对文章内容、格式和篇幅要求也有所不同。对于企业而言，署名文章多见于公开媒体，一般针对明确的主题，结合行业、企业自身特点和实际，发表观点性、表态性文章。

署名文章主要有以下特点：一是思想性。署名文章是以书面形式呈现的文稿，不同于其他口头性的讲话，应阐述单位或领导个人对某一问题的深刻见解，体现认识的高度和理论的深度。二是创新性。署名文章面向的受众更为广泛，要让读者有所获才能获得发表主体的认可，因此必须分析新形势、研究新情况、解决新问题，切实反映创新成果，或是实践探索经验，或是实践基础上的理论创新。三是指导性。署名文章不能就事论事，要既结合实际，又跳出具体业务，在符合大形势、大方向的基础上，能够对下一步工作的开展起到启发或借鉴作用。

五、文稿起草的“五化”方法

掌握科学的思想方法和工作方法是应对困难挑战的制胜法宝。本书在总结理论成果和实践经验的基础上，提出了显性化、结构化、团队化、体系化、数字化的“五化”文稿起草方法。其中显性化聚焦于写作过程，即通过流程化、标准化，将隐性的思维过程转化为显性的可组织的写作过程，做到有章可循、有序推进；结构化聚焦于文稿形式，包括文稿内容和逻辑的结构化，各维度独立不交叉、前后内容呼应，文稿知识管理的结构化，以及信息的分层分类、快速检索和运用；团队化聚焦于组织方式，即文稿起草团队知识结构多元化，团队化协同作战，团队整体水平不断迭代升级；体系化聚焦于管理要求，即文稿起草各环节、各要素有机整合，构建起文稿起草完整的理论逻辑、核心观点、文章框架等；数字化聚焦于辅助手段，即利用人工智能等数字化技术，建设智能文稿写作系统，提升文稿起草的工作质量和效率。

	特征	内涵
写作过程	显性化	通过流程化、标准化，将隐性的思维过程转化为显性的可组织的写作过程，做到有章可循、有序推进。
文稿形式	结构化	文稿内容和逻辑的结构化，各维度独立不交叉、前后内容呼应，文稿知识管理的结构化，以及信息的分层分类、快速检索和运用。
组织方式	团队化	文稿起草团队知识结构多元化，团队化协同作战，团队整体水平不断迭代升级。
管理要求	体系化	文稿起草各环节、各要素管理要素的体系化，比如人、工具等要素的管理，质量管理，闭环管理等。
辅助手段	数字化	利用人工智能等数字化技术，建设智能文稿写作系统，提升文稿起草的工作质量和效率。

图 2—1　文稿起草的“五化”方法

第3章

文稿起草的显性化

一、显性化是实现知识创新和共享的基础
二、文稿起草显性化要掌握科学的思维方法
三、文稿起草显性化要落脚到写作过程

文稿起草在表现形式上是对文字符号的排列、组合与操作，但本质上是一种极富创造性的脑力劳动，是将内在的思维转化为外在的文本，用以传播信息、表达情感、交流思想。这一特殊的外化活动既依赖于广泛的信息和知识，又依赖于深度的思考和经验，往往具有高度个性化、难以规范化、不易共享化等特点，不利于沉淀积累和传承发展，制约了文稿起草质量和水平。

为此，本章在总结写作经验规律的基础上，将隐性的思维过程转化为显性的可组织的写作过程，做到有章可循、有序推进。

一、显性化是实现知识创新和共享的基础

所谓显性，即性质或性状表现在外的，与隐性相对，比如生物学上的显性性状、显性基因等。所谓显性化，就是使之显示、表现出来的过程。在知识管理领域，知识显性化已经得到广泛研究和应用。文稿起草方法是一种典型的技能知识，对于一个组织或者团队而言，建立文稿起草方法体系广义上属于知识管理的范畴。

英国学者迈克尔·波兰尼在 20 世纪 50 年代提出隐性知识和显性知识的概念，其中显性知识是指可以以书面文字、图表和数学公式加以表述的知识，隐性知识则是在行动中所蕴含的未被表述的知识，比如人们

头脑中掌握的经验、技能和想法等。相较而言，隐性知识往往更有价值，而显性知识更容易分享、存储、表达和学习。研究表明，隐性知识占知识总量的90%[①]。当今时代，知识传播与运用成为推动社会进步的重要力量，隐性知识成为当今世界上个人、组织、乃至国家竞争和成功的关键。只有将隐性知识转化为显性知识，才能更好地实现知识创新和知识共享。

隐性知识显性化 SECI 模型

日本知识管理专家野中郁次郎和竹内弘高于1995年提出，在企业创新活动中隐性知识和显性知识二者之间互相作用、互相转化，知识转化的过程实际上就是知识创造的过程，知识转化有四种基本模式——群化或社会化(Socialization)、外化(Externalization)、融合或组合化(Combination)、内化(Internalization)，即著名的SECI模型。

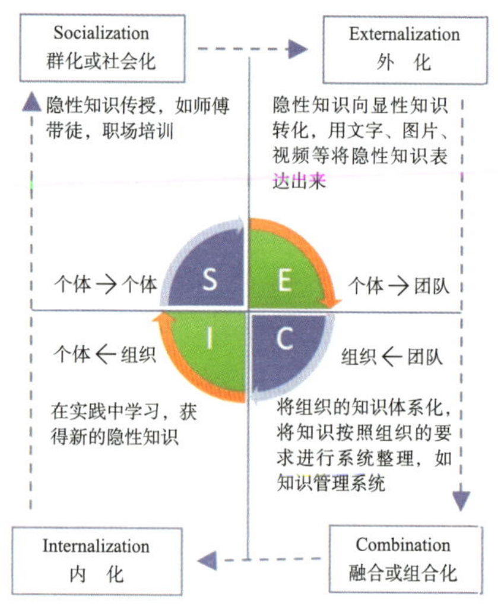

图 3—1 隐性知识显性化 SECI 模型示意图

① 杨湘浩、刘云：《企业隐性知识共享激励机制研究》，《中国管理科学》2012年第S1期。

群化或社会化，即隐性知识到隐性知识的转化，属于个体之间隐性知识的共享。获取隐性知识的关键是通过观察、模仿和实践，而不是语言。“经验共享”是这个转化过程的关键，而它又是通过组织成员之间的共同活动来实现的，比如老师傅带徒弟的过程就是典型的分享经验、形成共有思维模式和技能的过程。

外化，即隐性知识到显性知识的转化，阐释和发展包含于隐性知识中的概念，把隐性知识表达出来形成显性知识，供个人和组织共享交流，这一过程要借助一定的工具来实现。

融合或组合化，即显性知识到显性知识的转化，对不同的显性知识进行组合，将清晰孤立的知识组合成复杂、系统的显性知识体系，比如构建模型和范式。

内化，即显性知识到隐性知识的转化，将学习与实践紧密结合起来，从而使得外在的显性知识成为个人知识的一部分，同时成为组织资产的一部分。

将隐性知识转化为显性知识是典型的知识创新过程，这个过程中存在着种种障碍，既包括隐性知识自身的因素，也包括环境的因素和主体的因素[①]，其中自身因素包括知识垄断、难以表达性；环境因素涉及滞后的组织结构、利己主义、信息技术、人员的不稳定性；主体因素分为知识水平、心理、个人价值观。隐性知识显性化的一般方法是：首先通过类比、隐喻、假设、倾听和深度谈话等方式将隐性知识转化为容易理解和接受的形式，从感性知识提升为理性知识，将经验转变为概念。在此基础上，通过信息采集、组织、管理、分析和传播，建立一个可重复利用的知识体系，从而实现知识的应用与创新。隐性知识显性化要实现由

① 赵慧清：《论图书馆隐性知识显性化的条件及其策略》，《情报资料工作》2006 年第 4 期。

个体到组织、由组织到个体的不断循环与深化，要塑造具有企业自身特色的知识共享文化，紧密结合业务流程，充分利用各种信息技术，同时要建立有利于隐性知识显性化的高效激励机制。

二、文稿起草显性化要掌握科学的思维方法

思维方法是人类大脑活动的内在程式，是看待事物的角度、方式和方法，对人们的言行起决定性作用。思维是一切表达的基础，如果思维混乱或者缺少创造力，表达就不会清楚明白。当代著名教育学家朱光潜先生曾指出，写文章不光是技巧的训练，更需要思想的训练和逻辑的修养。文稿起草过程本身就是一种复杂的创造性思维活动，不仅需要构思文章的主题主旨和结构布局，还需要深入思考研究文章的核心观点。从某种意义上讲，文章不是写出来的，而是思考和研究出来的。

在文稿起草中，既要充分调动各种心理机能，使得思维极度活跃，为写作提供多样的可能，又要思路清晰，逻辑严谨，思维逐渐收敛。然而，思考过程往往不可捉摸，说不清道不明，不利于沟通和共享，难以在更大范围内提升文稿起草能力。要做到文稿起草显性化，必须掌握科学的思维方法，其中重点是战略思维、辩证思维、逻辑思维和发散思维。

（一）战略思维

战略的概念来源于军事理论。18 世纪德国军事家比洛将战略定义为在视界和大炮射程以外进行军事行动的科学，战术则是关于上述范围内进行军事行动的科学。毛泽东指出，战略问题是研究战争全局的规律性东西。所谓“不谋万世者，不足谋一时；不谋全局者，不足谋一域”，战略思维是以战略概念为基础的思维方式，突出表现在全局关系性、过

程前瞻性和结构预置性，即一切着眼于全局，以战略为蓝图，把控战略发展全过程。

在文稿起草中，战略思维就是高瞻远瞩、统揽全局，善于把握事物发展总体趋势和方向的思维方法，展示的是看问题的高度和深度。要善于思考谋划根本性、全局性、长远性问题，跳出眼前从长远看，跳出局部从全局看，提升思考问题的高度、理论研究的深度和知识视野的广度。要树立大局意识，善于思考大局，正确认识大局，自觉服从大局，坚决维护大局。站在战略的高度，善于从政治上认识和判断形势，观察和处理问题，善于透过纷繁复杂的表面现象，把握事物的本质和发展的内在规律，善于发现影响全局发展的主要因素、关键变量和薄弱环节，并根据内外环境变化及时调整。

（二）辩证思维

辩证思维是唯物辩证法在思维中的运用，即以世间万物之间的客观联系为基础而进行的对世界进一步的认识和感知，并在思考的过程中感受人与自然的关系，进而得到某种结论的思维。辩证思维的基本规律包括对立统一思维法、质量互变思维法和否定之否定思维法等。

在文稿起草过程中，要坚持一分为二地看问题，既要看到有利的一面，也要看到不利的一面；既要看到自身的优势，也要看到面临的困难和问题；既要看到发展的机遇，也要看到存在的风险与挑战。要坚持两点论和重点论相统一，注重抓主要矛盾和矛盾的主要方面，注重抓重要领域和关键环节，而不是被纷繁复杂的材料所蒙蔽。要坚持用发展的眼光看问题，把握改革发展规律，客观地而不是主观地、发展地而不是静止地、全面地而不是片面地、普遍联系地而不是孤立地观察、分析和解决问题。

（三）逻辑思维

逻辑思维是人们在认识过程中借助于概念、判断、推理反映现实的过程。它与形象思维不同，是用科学的抽象概念、范畴揭示事物的本质，表达认识现实的结果。

文稿起草离不开逻辑思维。首先，文稿起草过程本身也是人的思维认识活动的过程，通过逻辑思维，既可将已知的一般原理、规律性的知识应用到个别的事物上，从而得出新的结论，也可由已知的、个别的知识概括出一般性知识，从而有利于总结归纳、提炼升华。其次，文稿起草过程中也经常遇到涉猎全新的业务领域的情况，要求短时间内掌握相关知识并且能够转化为高质量的文稿，这就要靠逻辑思维，按照材料、素材之间的固有联系，自觉地分析它的内在结构和各部分之间的逻辑关系，较快、较准确地完成文稿。此外，逻辑思维也是提高语言表达能力的基础，是文稿观点明确、用词恰当、文理通顺、条理清晰、富有说服力的保障。

（四）发散思维

发散思维，是一种呈现扩散状态的思维模式，表现为思维视野广阔，呈现出多维发散状。发散思维具有流畅性、丰富性、多变性、灵活性、新颖性等特性，是创造性思维的最主要的特点。文稿起草过程中要有目的地围绕一点，向四面八方进行生发，通过联想、想象，将相关信息沟通和联系起来，从而塑造新形象、形成新思想和新理念。发散思维表现为直觉形象性的意象式的联想或者概念性的理性式的联想。当然，写作时要先发散，后收敛，在收敛中提炼出核心观点。

发散思维的有效工具——思维导图

思维导图由英国人东尼·博赞发明，使用的基本方法就是一个中央关键词或想法，以辐射发散形式，引起其他相关的形象和想法，并将之进行系统整理，形成完整的思维体系。思维导图之所以有效，一方面通过图、文、线条等方式将思维可视化，动态的形状和形式促使大脑快速、高效、自然地工作，从而更有效地捕捉和发表发散性思维；另一方面始终围绕着中心图，也就是问题本身展开思考，不至于跑题，同时将众多的知识和想法连接起来，并有效地加以分析。

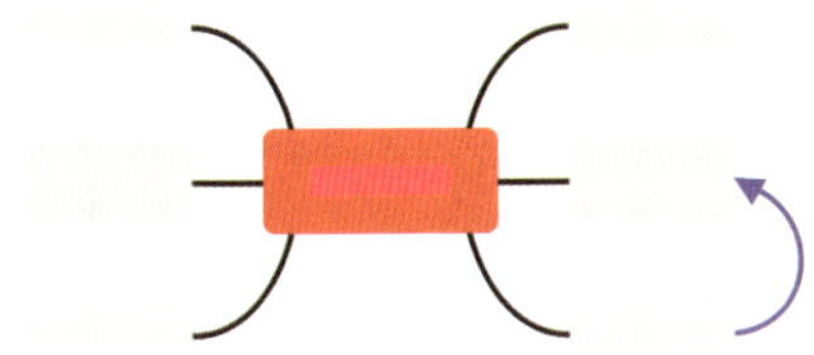

图 3—2　思维导图结构示意图

思维导图已经被广泛应用于包括记忆、学习、思考等多个领域。在起草文稿时使用思维导图工具，对于具体的领悟、构思、布局等步骤都会产生非常有用、有效的帮助。具体而言，先在中央部位写上文章的主题，再选择合适的基本分类概念，然后放开思路，增加一些信息，或者提出你想说明的观点。一幅有组织的思维导图可以提供给你所有主要章节片段的内容，在每节必须涉及的一些主要观点，以及这些观点之间相互联系的方式。在这个阶段，应该尽量快速往下写，跳过任何引起你疑问的地方，特别是一些有关词汇和语言结构方面的麻烦，这样思维会更加流畅。如果思维突然僵硬，可以在关键词和已画好的图形上再画一些线条，大脑的天然完整倾向（格式塔）或者整体的倾向就会用新的词汇和图像来填充这个空白地带。最后复习一下你的思维导图，把文章余下的部分做完，可增加一些交叉参考的内容，用更多的证据或者引语来支持自己的观点，修改或者在合适的情况下扩展自己得出的结论。

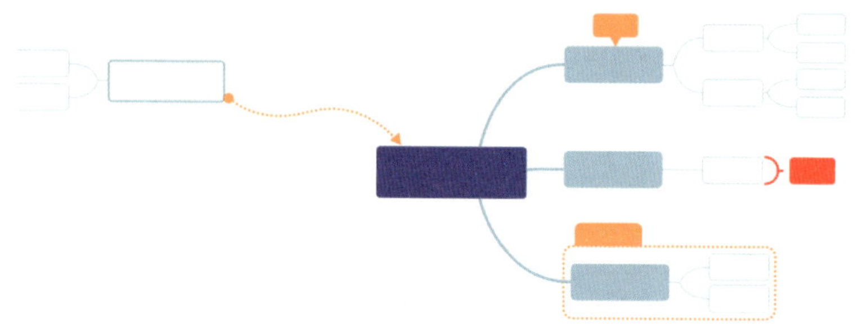

图 3—3　思维导图应用示意图

在文稿起草中，运用思维导图进行提取、延展、归类、整理，进而设计、摆布，既是一个发散思维的过程，也是一个布局谋篇的过程。思维导图能够分清主次，更快而且更清楚地看出一些主要思想如何彼此关联，使我们有了把思想组织起来并加以深化提炼的能力，而不再重复耗时耗力，通过非常规的、跳跃式的思维去寻求解决问题的办法，从而拓展了思维的广度、深度和角度。

三、文稿起草显性化要落脚到写作过程

所谓写作过程，即文稿由材料准备到完成定稿所经历的所有环节，

是一个逐渐展开和演进的过程。文稿起草的经验规律都蕴含在写作过程的每一个环节，因此文稿起草显性化关键是要对写作过程各环节所蕴含的经验规律进行总结提炼，建立完整、可传播的文稿起草知识体系。

写作过程是一个寻求发现或创造内在语言物化形式的过程。清代诗人、画家郑板桥将创作过程总结为“眼中之竹”“胸中之竹”和“笔下之竹”三个阶段，这实际上就是从收集材料到构思布局再到文字表达的基本过程。一般文章的写作过程包括撷思、运思、表达、修改四个环节，其中撷思主要是采集、收录、摄取信息的活动；运思主要是对文章进行全局性的构思设想；表达主要是对运思成果进行表述和传达；修改则是对文稿内容进行润色、加工、调整和修正。

对于综合性文稿而言，既遵循一般文章的写作规律，同时也要依从公文写作的法定性规程，因此在写作过程上具有自身特点。很多学者对机关文稿的写作过程进行了总结归纳，比如，马国华提出文稿起草“受命、会意、破题、蓄势、图构、绘事、润色、成文”的八步法[①]；范作惠提出文稿起草“探、搜、筛、统”的四步法[②]；赵建平提出公文撰稿的基本流程包括交拟、构思、拟稿、修改、定稿五个环节[③]。虽然在步骤切分上各有不同，但都涵盖了文稿起草各个阶段的基本要求。

本书在借鉴前人研究的基础上，结合实践经验将综合性文稿的写作过程归纳为接受任务、收集信息、谋篇布局、撰写初稿、修改完善、定稿处理六个步骤。

（一）接受任务

综合性文稿起草一般是以工作任务的形式下达到起草人员，接受好任务是起草好文稿的第一个环节，也是非常关键的环节，重点要做好以

① 马国华：《文稿起草“八步法”》，《秘书工作》2016年第7期。

② 范作惠：《文稿起草四步法》，《秘书》2009年第8期。

③ 赵建平：《公文写作能力建设初论》，上海人民出版社2018年版。

下几方面工作。

1. 明确文稿起草任务要求

对于机关或者企业而言，文稿起草的任务是相对明确的。比如，起草重要会议或者活动的讲话材料，一般而言这些会议或活动都有明确的计划，比如，每年要召开年度工作会议和专业会议，每季度或者每月要定期召开阶段性会议，重要时间节点要召开特定主题的会议等。又比如，起草向上级报告的汇报材料，汇报的事项和周期也相对有规律可循。对于周期性、常规性的文稿要提前做好谋划。同时，也有一些临时性、随机性的领导交办的起草任务。作为起草人员，在接受任务时首先要搞清楚文稿的使用者、使用场合、受众范围、所要达到的效果等以便后续作出具体安排。

2. 充分领会和把握领导意图

综合性文稿是为领导服务的，就必须代领导立言，想领导之所想，谋领导之所谋，因此，只有准确领会领导意图，才能厘清来龙去脉，写出符合要求的文稿。能否把握领导的要求，从一开始就决定了文稿起草的成败，非常重要。

一般情况下，在接受起草任务时，领导会有所交代，为什么写、写什么、怎么写等问题，这些直接的指示是最清晰明确的要求，必须认真消化理解，确保全面贯彻。当然也要注意把握重点，不能眉毛胡子一把抓，也不能只理解字面意思，没有吃透领导到底想要什么。

在其他一些情况下，比如由于时间、工作安排等原因，领导没有做或者只做了简单交代，这时候领导对于具体文稿的要求并不十分明确，就要通过多方途径来尽可能领会把握。可以从领导在其他场合或者日常的讲话中捕捉领导意图，领导对重大问题的思考往往是一以贯之的，不同场合的片段式讲话往往都是领导思想的重要组成部分，必须认真记录并加以领会。也可以从领导的阅文批示中揣摩领导意图，领导审批文件时签署的意见是领导对某一问题的思考和看法的直接反映，要从中把握领导的思想脉络，洞察领导的基本意图，判明领导的观念变化。实在没有思路的情况下，可以主动、适时地向领导请示和询问，直接了解领导的考虑和想法。需要注意的是，在主动询问前，要做好充分的准备，特别是做好领导主动征求你的意见的准备。

领导的思想也是在不断发展的，因此对领导意图的把握不能是片面的、静止的、孤立的，要将领导在不同阶段、场合、时机反映出的思想观点汇总串联，连贯分析，全面梳理，不断提高领会意图的准确性、全面性。

3. 确立文章的主题

主题，即一篇文稿所阐述的中心思想或者基本观点。文稿要围绕主题来选择材料、安排结构、组织语言，主题是统领全篇的总纲，是文稿的灵魂。

文稿的主题要正确、集中、鲜明、新颖。所谓正确，就是必须符合客观世界的真实情况和规律，坚持和体现正确的观点、立场和方法。综合性文稿还要旗帜鲜明讲政治，与党中央保持高度一致。所谓集中，就是要贯穿全文，提纲挈领，真正发挥“主脑”作用。一篇文章一般只有一个主题，否则文章就会散乱；可以在主题之下有多个分论点，形成不同层次的组合结构。所谓鲜明，就是要态度明确、是非分明，不能含糊其词、“犹抱琵琶半遮面”，主题越突出，写作时就会越聚焦，思想性就越强，文章的生命力就越强。所谓新颖，就是要有新意，对于问题的分析研判和解决处理要提出新看法、新思路。

确定文章的主题：一是要吃透党中央和上级的精神，认真学习有关文件，提高站位；二是要细化领导要求，将领导的意图进行凝练提高、延伸挖掘，形成更具有一般性的理论观点；三是要结合工作实际，既看具体工作需要讲什么，不能为了讲而讲，也看现有条件和材料支持讲什么，要确保能够讲清楚。

确定文章的主题后，还要能够通过行文、依托文章要素来揭示主题、论述主题，一般有以下几种方式来呈现主题。

一是通过文稿的标题来呈现。标题是对内容的高度浓缩和概括，通过标题来紧扣主题、围绕主题和呼应主题是最直接有效的方式。因此在拟写标题时一定要反复推敲、反复修改，确保简洁规范、清晰明确、一目了然。当然，很多类型的文稿是没有针对性标题的，比如一些会议讲话材料的标题就是《在……会上的讲话》，工作报告的讲话也往往是固定的、法定性的标题等，这一类文稿只能用其他方式来呈现主题。

通过文稿标题呈现主题的示例

1978年12月13日，邓小平在中央工作会议闭幕会上发表了题为《解放思想，实事求是，团结一致向前看》的重要讲话。他指出，解放思想，开动脑筋，实事求是，团结一致向前看，首先是解放思想。只有思想解放了，我们才能正确地以马列主义、毛泽东思想为指导，解决过去遗留的问题，解决新出现的一系列问题，正确地改革同生产力迅速发展不相适应的生产关系和上层建筑，根据我国的实际情况，确定实现四个现代化的具体道路、方针、方法和措施。

二是通过文稿的结构来呈现。文稿结构一般包括开头、主体和结尾三部分。可在开头部分直接说明文稿的目的，点出文稿的主题。在主体部分通过结构安排，有条不紊、层层深入地揭示和论证主题。在结尾部分呼应主题。

通过文稿结构呈现主题的示例

习近平总书记在“不忘初心、牢记使命”主题教育工作会议上的讲话

党的十九大决定，以县处级以上领导干部为重点，在全党

开展“不忘初心、牢记使命”主题教育。今年是中华人民共和国成立70周年，也是我们党在全国执政第70个年头，在这个时刻开展这次主题教育，正当其时。党中央已经印发了关于在全党开展“不忘初心、牢记使命”主题教育的意见。今天会议就是对全党开展这次主题教育进行动员部署。

一、充分认识开展主题教育的重大意义……

二、准确把握主题教育的目标要求……

三、加强对主题教育的领导……

三是通过文稿的内容来呈现。在论述时摆事实、讲道理，将观点和材料紧密结合、有机统一，鲜明地表达出文稿的主题。

（二）收集信息

所谓信息，是指“用来消除随机不确定性的东西”[①]。因此信息具有增加人们认识及实践活动的确定性的功能。文稿的思路、观点不是苦思冥想、闭门造车出来的，而是在充分掌握信息的过程中孕育出来的。所谓巧妇难为无米之炊，信息是文章的基石和策源地，收集信息是起草好文稿的前提。如果不了解相关信息，就难以完成文稿写作任务，缺乏丰富而针对性强的信息支撑，就难以写出对路子、对口味的文稿。相反，等材料搜集、整理完了，事情前后的联系搞清楚了，文章就呼之欲出了。

毛泽东在指导文稿起草工作时，曾要求起草人“用一个星期的时间将全国各省、市、县见于报纸的经验一齐找来仔细看一遍，边看边想，形成成套思想，然后下笔成文……”。党中央在起草重要文件时也都会广泛开展调研，收集素材，听取意见。比如在起草党的十九大报告前，按照习近平总书记的部署和要求，起草组围绕一系列重大理论和实

① 申农：《通信的数学理论》，1948年。

践问题开展实地调研、组织专题调研，组织 59 家单位就 21 个重点课题进行专题调研，形成 80 份调研报告；组成 9 个调研组，分赴 16 个省区市进行实地调研，还就一些问题请有关部门、25 家国家高端智库试点单位提交了专题研究报告。这些调研成果为报告起草工作打下了坚实基础。

收集信息既要广泛全面，又要有所侧重。收集信息的目的是对写作对象有全面立体的把握，因此要放宽视野，放眼问题所涉及的一切方面，广泛采集相关信息材料，尽可能获得各领域、各方面的信息。同时文稿写作是一种受命性、实用性、定向性很强的参谋助手行为，要求在信息采集时必须聚焦于准确捕捉和领会领导意图，准确把握行文的目的和背景；聚焦于公文要解决的问题，着力厘清问题的来龙去脉、性质特征、现状趋势和破解逻辑；聚焦于文稿受众的要求、需求，具有鲜明的针对性。我们为领导起草某一方面的重要文稿，就要对这方面的综合情况有一个总体把握。特别是那些我们完全陌生的领域，就更需要我们加强对这个领域综合情况的了解，如某个部门的基本情况、部门职能定位、每年工作报告、主要领导讲话等，都要尽快地了解和熟悉。在这个基础上，再结合中央对这个领域基本的精神，有针对性地提出明确具体的要求。

收集信息既要快捷有效，又要注重积累。接受文稿起草任务后，要迅速开展相关信息资料的采集工作，力求掌握第一手资料。尽可能收集最新材料，要了解一个领域政策举措的发展变化，就要随时拿这个领域最新出台的文件来学习。我们起草讲话、文件，大多用于指导工作，如果不掌握最新的材料，文稿服务就难以跟上形势的发展，就难以用中央的最新精神去指导实践。这就要求我们随时关注中央的一些新的大的举措，及时把有关最新文件拿到手进行研究，以便在文稿起草过程中用最新的精神去指导新的实践。同时，信息收集不是一蹴而就的事，而是一项长期积淀、持之以恒的工作。一定要做个有心人，随时收集各种有用的资料，随时动笔记下新颖的观点、名言警句或者所思所想。只要认为是有用的资料，就及时记载下来。这样，在起草文稿时，我们就可以把自己平时思考和总结的观点写进文稿中，有时能发挥意想不到的作用。

收集信息既要方式多样，又要整理归纳。采取多种方式采集相关信息材料，既包括传统的查阅、摘录相关文献资料、档案资料等方式，也包括充分利用网络等现代化工具，搜寻信息占有材料，提高工作效能。注重收集源头材料，比如中央有关重大政策法规方面的文件和领导同志的重要讲话。吃透了源头材料，我们就可以对中央的基本精神有总体上的把握。如果不重视研究源头材料，结果可能功夫没少花，但写出来的东西往往没有充分体现中央的精神，究其原因就是主次关系没有处理好，没有抓住关键和要害。另外，重要的文稿在起草前应当进行有组织的专题调研、座谈。在收集材料的基础上，还要对相关信息材料进行鉴别、筛选、分析、综合，不能为材料表象所蒙蔽。

起草某中央企业2021年度工作会议的信息收集工作

一、资料收集

重点收集近年来习近平总书记的重要讲话和重要指示批示，党中央国务院重大决策部署的政策文件，公司领导在党组会议、领导班子碰头会议、月度例会、各专业会议等会议上的讲话，公司“十三五”规划及实施情况，公司“十四五”规划编制情况，公司已印发的各类工作文件，公司研究课题的研究成果，权威媒体和专家学者文章，同行、兄弟单位的相关材料等。文稿起草工作组对相关素材进行认真研究，熟悉党的路线方针政策，掌握上级政策要求，领会领导的思路和意图，了解企业的生产经营情况。

二、调研访谈

以深度访谈、会议座谈、书面调研等方式，重点调研各部门、各单位取得的突出成绩、当前存在的亟待解决的体制机制障碍和重点难点问题、未来一个时期重点工作方向和任务，梳理形成重要会议有关文稿的选题建议。

（一）深度访谈重点单位的主要负责人，访谈内容主要是相关单位2021年以来取得的突出成绩、构建新发展格局对公司高质量发展的影响、改革的突破口和着力点、数字化转型和数字化建设、下一年的经营形势、公司“十四五”发展规划、加强党的建设等方面，并征求相关负责人对于岁末年初重要会议需要明确的全局性问题的意见建议。印发开展访谈调研的函，与访谈单位取得联系，根据访谈对象的工作安排，确定访谈形式、时间和行程。

（二）组织各专业公司研究（综合）部门负责同志召开座谈会，研讨各单位工作亮点、主要问题、下一年工作重点以及“十四五”发展建议。在座谈会上，以调查问卷的方式调查各单位重要领域工作的关键词。

三、系统总结

组织各单位、各部门认真做好工作总结和工作计划。认真对照公司战略性文件要求，对照年度工作会议、年中工作座谈会议精神，对照年度工作要点以及督办事项，对照考核指标等提出的目标任务要求，逐项梳理、认真总结2021年及“十三五”取得的主要成绩，查找存在的突出问题，分析当前面临的形势，认真谋划2022年及“十四五”重点工作。认真梳理2021年以来公司贯彻习近平总书记重要讲话和指示批示精神，重点从落实党中央重大决策部署、推进公司战略落地实施、全面深化改革、加强生产经营管理、创新驱动发展、全面从严治党等方面，加强策划、切实做好专题工作总结。

（三）谋篇布局

起草文稿，既要避免匆忙动笔，在文稿内容没有悟透、结构没有理顺的情况下埋头去写；又要避免堆砌材料，从网上下载大量资料，东抄西摘，拼拼凑凑，看起来满篇好话，实际上不知所云；还要避免平均用力，什么都想写，结果什么都写不透。毛泽东曾说，写文章要讲逻辑，就是要注意整篇文章、整篇讲话的结构。因此，在收集信息的基础上，要做好谋篇布局，精心设计写作框架，总结提炼形成文稿提纲。提纲必须服从主题需要，力求做到大的层次逻辑清晰、条理分明，主要思想观点了然于胸、明白无误。确定了文章的布局和提纲，就等于成功了一半。

文章结构是内容的组合和构造，包括开头和结尾、层次和段落、过渡和照应等。拟写提纲时，要围绕主题认真构思用什么结构、怎样分段，文段的详略如何分配，努力做到层次分明、重点突出、前后呼应。提纲要尽可能细一点，至少要到二级标题，在时间允许的情况下可以到三级标题，在标题下还可以列出关键词或者内容要点，甚至可以进一步形成观点和段落，以及拟引用的素材、案例、思路等。把提纲议深、议细、议透，一方面可以厘清思路，为动笔起草做好充足的准备，提高写作效率，另一方面可以向领导汇报，给领导一个靶子，充分沟通交流，经过领导审核后的提纲就能很好发挥写作中的引导、启发和约束作用，确保写作过程始终围绕主题高效推进，避免在写作过程中伤筋动骨，甚至被推倒重来。

常见的文章布局包括以下几类。

一类是板块式。不同板块可以包含工作目的，事物的内涵和特征，发展现状，存在的问题，当前的形势分析，工作的意义和必要性，工作的指导思想、原则和思路，以及具体举措和里程碑工作等内容。每个板块根据文稿内容的需要进行选择，不一定面面俱到。比如科技部部长王志刚在《求是》杂志发表的署名文章《矢志科技自立自强 加快建设科技强国》是按照重要性和必要性、现状及问题、对策和措施三个板块来布局的。李克强总理在2019年全国两会上作的工作报告，是按照工作回顾总结、分析形势、总体要求、论述任务和举措等板块来布局的。此外，还可以按照提出问题、分析问题、解决问题的逻辑来谋篇布局。

科技部部长王志刚在《求是》杂志发表的署名文章（节选）

矢志科技自立自强　加快建设科技强国

一、深入学习领会习近平总书记关于科技创新重要论述的核心要义，增强“两个维护”的思想自觉和政治自觉

深刻领会党对科技事业全面领导是我国科技创新的最大政治优势。……

深刻领会创新作为引领发展第一动力的战略定位。……

深刻领会自主创新和科技自立自强是统筹发展和安全的战略支撑。……

深刻领会科技创新和制度创新“双轮驱动”的战略布局。……

深刻领会创新驱动实质是人才驱动的战略要求。……

深刻领会以全球视野谋划和推动科技创新的战略考量。……

二、我国科技实力和创新能力全面提升，创新型国家建设取得决定性成就

基础研究和战略高技术领域取得一批重大成果。……

科技有力激发经济和产业发展内生动力。……

科技创新支撑民生改善能力明显增强。……

科技体制改革取得实质性突破。……

科技人才队伍量质齐增。……

科技开放合作深度和广度不断拓展。……

三、强化科技自立自强的行动自觉，全面开启建设科技强国新征程

坚持和加强党对科技事业的全面领导。……

加强系统谋划和顶层设计。……

打造国家战略科技力量。……

强化基础研究和原创能力。……

完善科技创新体制机制。……

造就更多高水平科技人才。……

2019年政府工作报告（节选）

一、2018年工作回顾

过去一年是全面贯彻党的十九大精神开局之年，是本届政府依法履职第一年。……完成全年经济社会发展主要目标任务，决胜全面建成小康社会又取得新的重大进展。

——经济运行保持在合理区间。……

——经济结构不断优化。……

——发展新动能快速成长。……

——改革开放取得新突破。……

——三大攻坚战开局良好。……

——人民生活持续改善。……

……主要做了以下工作。

一是创新和完善宏观调控，经济保持平稳运行。……

二是扎实打好三大攻坚战，重点任务取得积极进展。……

三是深化供给侧结构性改革，实体经济活力不断释放。……

四是深入实施创新驱动发展战略，创新能力和效率进一步提升。……

五是加大改革开放力度，发展动力继续增强。……

六是统筹城乡区域发展，良性互动格局加快形成。……

七是坚持在发展中保障和改善民生，改革发展成果更多更公平惠及人民群众。……

八是推进法治政府建设和治理创新，保持社会和谐稳定。……

……

思危方能居安。在充分肯定成绩的同时，要清醒看到……我们一定要直面问题和挑战，勇于担当，恪尽职守，竭尽全力做好工作，决不辜负人民期待！

二、2019年经济社会发展总体要求和政策取向

今年是新中国成立70周年，是全面建成小康社会、实现第一个百年奋斗目标的关键之年。做好政府工作，要……

今年经济社会发展的主要预期目标是……

要正确把握宏观政策取向，继续实施积极的财政政策和稳健的货币政策，实施就业优先政策，加强政策协调配合，确保经济运行在合理区间，促进经济社会持续健康发展。

积极的财政政策要加力提效。……

稳健的货币政策要松紧适度。……

就业优先政策要全面发力。……

三、2019 年政府工作任务

今年经济社会发展任务重、挑战多、要求高。我们要突出重点、把握关键，扎实做好各项工作。

（一）继续创新和完善宏观调控，确保经济运行在合理区间。……

（二）激发市场主体活力，着力优化营商环境。……

（三）坚持创新引领发展，培育壮大新动能。……

（四）促进形成强大国内市场，持续释放内需潜力。……

（五）对标全面建成小康社会任务，扎实推进脱贫攻坚和乡村振兴。……

（六）促进区域协调发展，提高新型城镇化质量。……

（七）加强污染防治和生态建设，大力推动绿色发展。……

（八）深化重点领域改革，加快完善市场机制。……

（九）推动全方位对外开放，培育国际经济合作和竞争新优势。……

（十）加快发展社会事业，更好保障和改善民生。……

……

一类是串珠式。一开头，一结尾，中间串起来几个重点问题。比如，党的十九届五中全会审议通过的《中共中央关于制定国民经济和社会发展第十四个五年规划和二〇三五年远景目标的建议》，全文一共包括十五个部分，第一块是对“十三五”时期工作的回顾总结；第二块是介绍“十四五”时期经济社会发展指导方针和主要目标；第三块到第十四块是从不同方面阐述“十四五”时期主要工作，包括坚持创新驱动发展、加快发展现代产业体系、形成强大国内市场、全面深化改革、优先发展农业农村、优化国土空间布局、繁荣发展文化事业和文化产业、推动绿色发展、实行高水平对外开放、改善人民生活品质、统筹发展和安全、加快国防和军队现代化等方面；最后是号召全党全国各族人民团结起来，为实现“十四五”规划和2035年远景目标而奋斗。

中共中央关于制定国民经济和社会发展第十四个五年规划和二〇三五年远景目标的建议（节选）

一、全面建成小康社会，开启全面建设社会主义现代化国家新征程。……

二、“十四五”时期经济社会发展指导方针和主要目标。……

三、坚持创新驱动发展，全面塑造发展新优势。……

四、加快发展现代产业体系，推动经济体系优化升级。……

五、形成强大国内市场，构建新发展格局。……

六、全面深化改革，构建高水平社会主义市场经济体制。……

七、优先发展农业农村，全面推进乡村振兴。……

八、优化国土空间布局，推进区域协调发展和新型城镇化。……

九、繁荣发展文化事业和文化产业，提高国家文化软实力。……

十、推动绿色发展，促进人与自然和谐共生。……

十一、实行高水平对外开放，开拓合作共赢新局面。……

十二、改善人民生活品质，提高社会建设水平。……

十三、统筹发展和安全，建设更高水平的平安中国。……

十四、加快国防和军队现代化，实现富国和强军相统一。……

十五、全党全国各族人民团结起来，为实现“十四五”规划和二〇三五年远景目标而奋斗。……

还有一类是并列式。直接按照大概逻辑排列起来，这种结构一般较为适合相对简短的讲话。比如，习近平总书记2020年4月10日在中央财经委员会第七次会议上的讲话，分别从坚定实施扩大内需战略，优化和稳定产业链、供应链，完善城市化战略，调整优化科技投入和产出结构，实现人与自然和谐共生，加强公共卫生体系建设等方面阐述国家中长期经济社会发展战略重大问题。

习近平总书记2020年4月10日在中央财经委员会第七次会议上的讲话（节选）

国家中长期经济社会发展战略若干重大问题

当今世界正经历百年未有之大变局，这次疫情也是百年不遇，既是一次危机，也是一次大考。当前，我国疫情防控形势已经越过拐点，但疫情全球大流行仍处在上升期，外部形势非常严峻，我们要切实做好外防输入、内防反弹工作，决不能让疫情卷土重来。同时，我们要举一反三，进行更有长远性的思考，完善战略布局，做到化危为机，实现高质量发展。下面，我着重从发展战略角度讲几个问题。

第一，坚定实施扩大内需战略。……

第二，优化和稳定产业链、供应链。……

第三，完善城市化战略。……

第四，调整优化科技投入和产出结构。……

第五，实现人与自然和谐共生。……

第六，加强公共卫生体系建设。……

（四）撰写初稿

文稿的提纲和布局确定以后就可以分工撰写初稿。撰写的过程就是将思想、观点、信息转化为文字的过程，即把立体的思维转化为线性的文字表述。

撰写时主要有以下要求：一是言之有物。要求内容充实丰满，有关的人、事、物、理、情等内容，一旦落实在字面上，外化为符号，就必须做到实在确凿、恰如其分，不能含糊不清，漏洞百出。二是言之有序。要求逻辑严密，语词恰当，结构得体，形式完整，既要有一定规矩和程序，又不能完全遵循既定的程式运行，需要做到别出心裁，体现出“技”与“道”的统一。三是以意领文。笔到意不到，表达必然啰嗦；意到笔不到，就会显得深奥难懂。只有笔到意到，才能既行文流畅，又含义深远。四是注重选词炼句。既要注重词语搭配准确贴切、形象鲜明，也要注意句子的词序安排、长短变化、句型变化等，尽可能达到更好的表达效果。

在表达方式上，文稿起草一般采用叙述、说明、议论等方式。

所谓叙述，是叙说人物经历和事物发展过程的一种表达方法。人物、事件、时间、地点、原因、结果是叙述的六个基本要素，其基本特点应是展示过程性，主要回答经过如何、怎么做等问题，基本功能是“以事告人”。比如上海市市长龚正在《学习时报》上发表的署名文章《传承红色基因，心怀“国之大者”，在新征程上奋力创造新奇迹》，就叙述了上海的发展历程。

上海市市长龚正2021年6月在《学习时报》上发表的署名文章（节选）

传承红色基因 心怀“国之大者” 在新征程上奋力创造新奇迹

……上海作为我们党梦想启航的地方，党在这里诞生，从这里出征并走向全国执政。作为我国最大的经济中心城市，经济总量迈入全球城市前列，人均GDP超过2.3万美元，居民人均可支配收入达到7.2万元，以不到全国千分之一的土地面积贡献了全国近十分之一的税收。作为改革开放的前沿阵地，创造了新中国第一张股票、第一例土地批租试点、第一个金融贸易区、第一个保税区等一系列“第一”，为国家贡献了“上海经验”。当前，上海坚决服从服务国家战略，坚定追求卓越的发展取向，从全国第一家自贸试验区，到自贸试验区临港新片区，改革开放的广度和深度不断拓展；从基本建成国际经济、金融、贸易、航运中心，形成具有全球影响力的科技创新中心基本框架，到加快建设创新之城、人文之城、生态之城，城市能级和核心竞争力大幅提升，上海成为世界观察中国的重要窗口。……

所谓说明，是用简明扼要的文字对事物的性状、性质、特征、范围、类别、成因等进行解释，或者对事物作客观的、科学的介绍或阐述，其基本特点是解说性，回答“是什么”“有什么”“如何办”“怎么操作”“有什么需要注意的”等问题。说明的内容要科学，态度要客观。比如，国家发展和改革委员会在《求是》杂志2021年第6期上发表的署名文章《开启全面建设社会主义现代化国家新征程的宏伟蓝图》，对《中华人民共和国国民经济和社会发展第十四个五年规划和2035年远景目标纲要》的重大意义、编制情况和主要内容进行了说明。

国家发展和改革委员会在《求是》杂志2021年第6期上发表的署名文章（节选）

开启全面建设社会主义现代化国家新征程的宏伟蓝图

……《纲要》主要阐明国家战略意图、明确政府工作重点、引导规范市场主体行为，是我国开启全面建设社会主义现代化国家新征程的宏伟蓝图。《纲要》分三个板块，共19篇、65章、192节，涉及经济社会发展方方面面，内容丰富、意义深远。……

……《纲要》紧扣党中央《建议》精神，坚持以习近平新时代中国特色社会主义思想为指导，突出体现立足新发展阶段、贯彻新发展理念、构建新发展格局的核心要义，突出体现做好“两个一百年”奋斗目标的有机衔接，明确提出了指导思想、遵循原则和战略导向，共同构成了“十四五”时期经济社会发展的指导方针；在此基础上，实化量化具体化目标表述，并设置了主要指标。上述内容逻辑环环相扣、工作部署层层递进，在《纲要》实施过程中务必全面、系统、准确理解和把握。……

……《纲要》提出了17个方面的战略任务和重大举措，着力解决经济社会发展中面临的大事难事，兼顾“国家大事”与“关键小事”，体现了对新发展阶段、新发展理念、新发展格局的整体把握、系统贯彻和一体落实。……

所谓议论，是对某个议论对象进行分析和评论，以阐明自己观点，发表自己见解，表明自己态度，提出自己主张的表达方法。议论的本质是抽象概括性，应力求客观、全面、鲜明、深刻，具有较强的哲理性和理论深度。议论的基本特点在于它的说服性，回答“为什么”的问题，其基本功能是“以理服人”。论题、论点、论据和论证方式是议论的四个基本要素。

在议论时要做到：一是论点要正确、新颖。议论的目的是明辨是非、揭示真理。作为议论核心要素的论点，必须正确，要能反映事物发展的客观规律，对问题作出准确的判断，力避主观性和片面性。所谓新颖，就是论点要有独到之处，能给人以新的启示，而不是人云亦云，重复旧的观点，毫无创新见解。二是论据要真实、充分。论点必须建立在论题的基础之上，论题和论点之间应该有本质的、必然的联系。论据是第一性的，论点是第二性的，论点是否正确有力，主要取决于论据是否真实、充分，论据越真实、越充分，论点就越具有说服力。三是论证要合理、严密。论证就是运用论据证明论点的逻辑过程。论点应该是从一系列论据中推导出来的必然结论，而不是游离于具有真实性、代表性的论据之外的盲目判断。合理、严密的论证是论点具有说服力的保证，论证越是合理、严密，论点和论据之间的联系越是紧密，论点就越突出，文章的说服力就越强；反之，就会漏洞百出，缺乏说服力。

常见的立论方法有例证法、引证法、因果论证法等。例证法，通过列举典型事例作为论据来证明论点。作为论据的事实，可以是概括的，也可以是具体的，还可以是统计数字等。例证所用事例必须真实、典型、有代表性，不能以偏概全。引证法，通过引用公认的道理、原则作为论据来证明个别性论点。这些道理、原则，必须经得起实践的检验，确实是客观真理。否则，论点便失去了可靠的论据。引证时要注意论据与论点的逻辑联系。因果论证法，通过分析问题、剖析事理，揭示论点和论据之间的因果关系，从而阐明论点的正确性。因果论证可以是由果及因、由因及果，还可以是因果互证。运用因果论证，要保证论点与论据之间有必然的而非虚假的因果关系。

以上三种方式并不是相互独立的，比如文稿起草时更多采用夹叙夹议的方式，摆明事实、讲清道理，使观点和材料紧密结合、有机统一。

事实和观点要安排好，一段话要说明一个观点，要有相当的材料来证明这个观点，从而实现观点和材料相统一。比如《人民日报》2021 年 6 月 7 日发表“宣言”署名文章《社会主义没有辜负中国》，从百年的历史巨变中得出“中国特色社会主义旗帜正引领中华民族伟大复兴呈现出前所未有的光明前景”的宏伟结论。

《人民日报》2021 年 6 月 7 日发表“宣言”署名文章

社会主义没有辜负中国

……改革开放 40 多年来，我国经济总量一路超过意大利、法国、英国、德国、日本，稳居世界第二；我国人民生活水平持续提升，已经进入中高收入国家行列；神州大地面貌日新月异，公路成网、铁路密布、西气东输、南水北调、高坝矗立、大桥巍峨，天堑变通途；中国还战胜了历史罕见的洪涝、雨雪冰冻、地震等重大自然灾害和“非典”等重大疫病，经受住了亚洲金融危机和国际金融危机严峻考验，风雨过后更见气度从容、身姿挺拔。

在把握历史前进的逻辑中前进，在顺应时代发展的潮流中发展。中华大地汹涌澎湃的伟大实践表明：只有社会主义才能发展中国，只有改革开放才能让中国大踏步赶上时代、让人民过上幸福生活。中国特色社会主义道路越走越宽广！……

（五）修改完善

文章都是改出来的。文章不厌百回改，好的文章就像宝玉，要靠不断的雕琢去优化。毛泽东非常重视公文在指导革命、推动建设中的作用，不仅亲自起草了大量的公文，还认真审阅修改了无数的公文。

《再学毛泽东审改公文》(节选)

毛泽东非常重视公文在指导革命、推动建设中的作用。他不仅亲自起草了大量的公文，还认真审阅修改了无数的公文。

突出公文主题

毛泽东撰写文章、起草公文的时候都非常重视题目的拟定。他在审阅公文的过程中，如果感到文件主题不够突出、不够准确，也会亲自动手，认真修改。

延安整风运动期间，毛泽东亲自主持编辑了《六大以来——党内秘密文件》《六大以前——党的历史材料》和《两条路线》三部文献集。他对每篇文献都进行了精心审核，还对某些文献的题目做了修改或加了题注。如，他将《请看！！！反日战争如何能够取得胜利？》这个文献题目，改为《中央关于一·二八事变的决议》；在《中央关于反对敌人五次“围剿”的总结决议》这一文献题目后，用括号加上了“遵义会议决议”六个字。毫无疑义，这两份文献都非常重要，原来的题目在当时也较好地概括了中心主题。尽管如此，后来者如果只看这两份文献的原来题目，未必立刻知道一个是“中央关于一·二八事变的决议”，一个是“遵义会议决议”。经过毛泽东修改和加注后，两份文献的阅读效果就明显提升了，给人一种议题鲜明，一望而知的感觉。

紧扣实际拟题

毛泽东说过，写文章要选好题目，吸引人看你的文章。毛泽东在审阅公文的时候，也常常根据内容来修改题目，使它更醒目、更能突出重点。公文题目该短则短，该长则长。

党的中央委员会研究并作出重大决定的文字稿，是权威而郑重的文件，其题目应当如何拟定？作为党的领袖和文章大家，毛泽东在这方面提供了范本。1957年，中央拟在全党开展一次以反对主观主义、官僚主义和宗派主义为内容的整风运动。4月9日，毛泽东审阅《中国共产党第八届中央委员会第三次全体会议关于在全党进行整风运动的决定（草案）》。他将文件稿的题目改为《关于整风运动的决定（草案）》。原题目有34个字，改后仅9个字，着重突出了“整风运动”这一主题，让人过目不忘，入脑入心（中央这个决定草案后来没有下发，但是毛泽东对这一题目修改的实践，对我们依然有着学习和启示的作用）。

力求通俗易懂

毛泽东非常厌恶官腔官调的八股文，强调公文应当通俗易懂，能够“使人读得下去，读过后很舒服”。

在审改公文的时候，毛泽东也很注重语言文字的通俗。1954年3月23日，他主持召开中华人民共和国宪法起草委员会第一次会议，代表中国共产党提出《中华人民共和国宪法草案（初稿）》。毛泽东亲自领导和主持了这部宪法的起草工作，为此付出了大量的心血。他非常注意宪法的通俗性、普及性，为的是让人民群众能够读懂和掌握它。在这次会议上，毛泽东特别强调了这一思想。他讲到对宪法草案的文字修改，举例说:“把什么什么‘时’都改为‘的时候’。讲话一般不说‘我们在讨论宪法时’，而说‘我们在讨论宪法的时候’。‘为’字老百姓不懂，都改成了‘是’字。什么什么‘规定之’，‘之’字在一句话的末尾，只是重复了上面的，毫无用处，也都去掉了。”人民领袖为人民，在制定和修改宪法上也得到了充分的体现。

坚持文字简练

毛泽东历来反对讲空话、套话，凡是谈到写文章、写公文的时候，总是强调要文字简练。他在审阅修改公文的时候，也经常提出同样的要求。

1955年6月8日，毛泽东审阅修改《人民日报》社论稿，并致信负责宣传的有关领导同志："关于写文章，请注意不要过于夸大的修饰词，反而减损了力量。必须注意各种词语的逻辑界限和整篇文章的条理（也是逻辑问题）。废话应当尽量除去。"毛泽东亲自动手修改，同时进行指导和提出要求，为的是帮助提高党报社论的水平。

1956年党的八大召开前，毛泽东用了很多时间来审阅修改大会文件。8月22日，他在党的七届七中一次会议上说："现在的报告稿（指八大政治报告）9万字，能缩减三分之一就好。"对于大会发言，毛泽东说："原则是不要太长，内容要精彩一点，可以组织一些短稿子，比较生动。"

——苏马：《再学毛泽东审改公文》，

人民网—中国共产党新闻网2015年4月22日

党和国家重要文献，包括党代会报告、政府工作报告、重大决定，都是经过反复修改而成的，其起草过程的主要工作就是反复征求意见、反复修改。比如周恩来在组织起草报告时，一段一段地讨论，一字一句地斟酌，通宵修改完善。习近平总书记在关于《中共中央关于制定国民经济和社会发展第十四个五年规划和二〇三五年远景目标的建议》的说明中强调，文件起草组广泛听取各方面意见和建议，反复进行讨论修改。

周恩来修改工作报告

在1962年召开的“七千人大会”上，周恩来总理就国民经济的调整问题，作了一个十分重要的报告。在起草报告的过程中，总理反复强调要实事求是，既要看到形势好转，又要把困难说够；既要鼓足劲，树立克服困难的信心，又要明确调整国民经济的方针和具体措施。在最后定稿的时候，周恩来总理又主持开会通读一遍，一段一段地讨论，一字一句地斟酌。这次讨论，从晚上8时开始，一直持续到第二天早晨7时。

——高永中：《中国共产党口述史料丛书》第6卷（上），中共党史出版社2013年版，第78页

习近平总书记关于《中共中央关于制定国民经济和社会发展第十四个五年规划和二〇三五年远景目标的建议》的说明

这次建议稿起草的一个重要特点是坚持发扬民主、开门问策、集思广益。我就“十四五”规划编制明确提出一系列要求，强调要把加强顶层设计和坚持问计于民统一起来，鼓励广大人民群众和社会各界以各种方式为“十四五”规划建言献策。从7月下旬到9月下旬，我先后主持召开企业家座谈会、扎实推进长三角一体化发展座谈会、经济社会领域专家座谈会、科学家座谈会、基层代表座谈会、教育文化卫生体育领域专家代表座谈会，当面听取各方面对制定“十四五”规划的意见和建议。8月16日至29日，“十四五”规划编制工作开展网上征求意见。广大人民群众踊跃参与，留言100多万条，有关方面从中整理出1000余条建议。

文件起草组广泛听取各方面意见和建议，反复进行讨论修

改，认真做好建议稿起草工作。

根据中央政治局会议决定，8 月 10 日，建议稿下发党内一定范围征求意见，包括征求党内部分老同志意见，还专门听取了各民主党派中央、全国工商联负责人和无党派人士代表意见。

……

文件起草组逐条分析各方面意见和建议，做到了能吸收的尽量吸收，对建议稿增写、改写、精简文字共计 366 处，覆盖各方面意见和建议 546 条。这是我国党内民主和社会主义民主的生动实践。

建议稿起草期间，中央政治局常委会召开 3 次会议、中央政治局召开 2 次会议分别进行审议，形成了提交这次全会审议的建议稿。

对文稿进行修改，可以从以下几方面着手。

一是深化主题。一篇文章的主题是否正确鲜明、统领材料、反映本质、表达意图等是修改工作需要注意的。修改时，重点对观点不正确、理解不到位、认识不深刻、表意不突出、见解不新颖等问题进行修改。主题的变更，往往“牵一发而动全身”，材料、结构、语言等都需进行相应的修改。

二是调整结构。文稿起草是从模糊到清晰、从无序到有序、从局部到整体的过程，在结构上做到一步到位是很难的。修改时需要着重审查思路不清晰、层次不分明、段落零混、结构不完整，以及起承转合、前后响应、上下衔接、缺少联系等结构上的问题。要站在文章整体上统筹把握，处理好主次、详略、点面、虚实的关系，该简述的要大笔勾勒、高度概括，该详写的要大胆展开、浓墨重彩。做好“加法”和“减法”，即对那些重要和创新的观点，要适当展开论述，使之更为突出鲜明；对那些细枝末节、无关紧要的内容，则要舍得大刀阔斧地删减，使文章真正做到逻辑缜密、详略得当、观点鲜明、内容详实。

三是润色语言。准确凝练、生动形象、简洁质朴、自然流畅，是衡量文章语言表达的基本要求。要认真推敲字句、锤炼语言，对文章中出现的用词随意、词语堆砌、语句拖沓、语法错误等问题，都应根据表达的实际情况加以调整、修正。如果用词不到位，缺乏传神的字眼，需要反复斟酌、推敲，力图使用最贴切的文字给予替换，使语言表意更准确、表达更流畅。

四是修改文面。文稿初成，存在文面问题在所难免。比如，个别字的错写、误用，标点符号的错漏，文体格式的不规范等。与前面修改项目相比，这些问题算得上是细小、轻微的差错，常常为写作者所忽略或不屑。显然，这是不可取的。其实，文面的修改是最容易做到的。修改的方法主要包括以下几种。

第一是热改法。文稿起草完后“趁热打铁”立即修改，此时对文稿的整体结构和具体问题的思考都记忆犹新，因此可以及时有效地发现并弥补写作中的某些缺漏。在写作过程中，也有一些问题被暂时搁置了起来，此时再从全局出发，统筹考虑，及时给予妥善处理。不足之处是，人们在思考问题时，每采取一种特定的思路，相隔时间越短而重复同样思路的可能性就越大，这时候的思考就会受到已有思路的局限，缺乏“旁观者清”的客观态度，难以深入发现问题。

第二是冷改法。文稿起草完后先停一段时间再回过头重新看并进行修改，原来的思路渐趋削弱或淡薄，写作者才能调用新的思路，才能发现原稿中存在的毛病，初稿上的问题就会一目了然。不足之处是，容易忘却起草时所获得的某些可取的甚至可贵的感觉、印象和修改意图。一般应将热改法、冷改法结合起来，以求获得最佳的修改效果。

第三是诵读法。通过反复诵读，发现初稿中不顺口、不连贯的地方，然后把它改正过来。把文稿一路念下去，便能感觉出全篇是否通顺流畅，但凡拗口的地方，都应反复推敲修改。修改文章只看不念，语言文字上存在的毛病就不容易被察觉。根据平时说话的习惯，结合诵读时的语感，可以很清晰地发现诸如语句不通、承转不严、气势不畅、声调不谐等问题，也很容易发现文字上的疏漏遗缺。

第四是比较法。对初稿中那些感觉不妥的地方，用不同的字、词、句、段，甚至包括主题、材料、结构、表达等，与之比较，从中找出一个最佳方案进行修改。若能想出两三种不同的修改办法，同原稿中的疑惑之处逐一比较，则更容易改得精当。

第五是求助法。请求别人帮助修改或参照别人提出的意见对初稿进行修改。每个人的生活阅历、文化背景、思想方法、观点等都存在着一定的差异。本人对初稿中的瑕疵或许是司空见惯、不甚敏感的，而“旁观者清”，别人用他者的眼光，从新的视角去推敲，时常一眼就能看出写作者不易察觉的问题。

（六）定稿处理

文稿经最终的使用人审定后即可定稿，起草团队要指定专人或多人负责校对排版，确保“零差错”。

一是政治方面“零差错”。政治性是文稿的第一属性。一方面，在引用政治性表述上要精准无误；另一方面，在涉及政治性问题或其他重大敏感问题上，必须与中央精神保持相一致。在这方面，切不可有丝毫麻痹大意。

二是实例数据“零差错”。实例与数据是文稿的重要支撑，如果不真实、不准确，观点很容易不攻自破。因此，所列实例必须与事实相符，引用数据必须来自权威，必须与官方统计数据保持一致。

三是用词用语“零差错”。用词用语考验的是文字基本功，这方面错误是最低级的错误，是最不应该出现的错误。有的地方多一个字或少一个字，意义可能就全变了。文稿再好，可能就因为一个错别字、一个错误标点或一处错误搭配而大打折扣。

校对后的文稿应及时提交相关负责部门进行印刷，以供领导使用。对于会议文稿，会后要根据会议召开的具体情况进行整理，领导的插话、强调或调整的内容等要根据要求对文稿进行修改，对于可能涉密的内容要进行脱密处理，会后修改的文稿经领导审定后可按照既有程序进行印发及归档。

第 4 章

文稿起草的结构化

一、什么是文稿起草的结构化

二、文稿起草结构化的重要工具——金字塔原理

三、结构化写作方法应用

一、什么是文稿起草的结构化

主观思维是客观世界的外化，语言表达是逻辑思维的外化。综合性文稿要确保让人“看得懂”“听得清”就必须要符合大脑在接受、处理信息时的思维习惯，只有这样才能更容易让别人理解。

第一个思维习惯，大脑喜欢归纳主题。

想象一下：你是一个公司的领导，一个下属来汇报工作说：“领导，今天A公司来我们公司参观了，说我们大厅的感觉很局促，员工也反映光线太暗，在里面办公很累，对视力不好。我昨天去灯市看了，有一款灯不仅漂亮还不太贵，而且老板人也好，说可以送货到家，还包安装……您看我们是不是把大厅里的灯给换一下？”听到这里，你就是觉得他说话没有重点，因为他到最后才把想说的主题说出来，而在这之前你会一直猜他想说什么。如果对方在之前就告诉你，我要跟你说话的目的是什么，这样你就更容易接受、理解对方后面的话。所以这是大脑的第一个思维习惯，就是我们在听别人说话的时候喜欢归纳主题。

第二个思维习惯，大脑喜欢归类。

想象一下：母亲让你上班的时候去超市采购一些东西，然后给了你一张清单，清单上有苹果、可乐、胡萝卜、玉米、梨，还有橙汁。这时候你会不会觉得很乱？如果是这样一份清单呢？水果：苹果、梨；蔬菜：

胡萝卜、玉米；饮料：可乐、橙汁。当然是这样一份清单更清晰一些。

第三个思维习惯，短时记忆不能承载太多信息。

根据乔治·A. 米勒的研究，人类大脑的短时记忆非常有限，也就是说我们在短时间内能够记住大约 7（±2）个记忆单位的内容。7（±2）不是一个精准数据，后来根据心理学家纳尔科文的研究，得出的结论是，人类大脑一般能记住的是 3 到 4 个单位的内容。大脑会偏爱一些数字，比如数字 3。比如，我们经常会听到举一反三、事不过三；再比如说我们写作文经常会用三段式结构，具体到公文写作中，我们常讲“无三不成文”，一般在撰写公文时，至少应该有三方面的内容，这样才显得丰满，等等。所以，说 3 点往往比说 2 点或者 4 点，更容易让人接受和理解。

第四个思维习惯，大脑喜欢有规律的信息。

我们来做个测试，现在有一堆数字需要你记住：1，5，3，8，2，8，3，1，0，4，6，0，4，9，7，2，5，6，9，7。是不是觉得很难？那如果是 0，1，2，3，4，5，6，7，8，9，0，1，2，3，4，5，6，7，8，9 呢？肯定是可以记住的。其实这两组数字是一样的，我们之所以能够记住第二组，是因为我们的大脑喜欢有规律的东西。

结构化写作就是适应大脑的思维习惯而开展的写作过程，其运用结构化思维，在厘清思路的基础上，能用较短的时间把一件事讲清楚、说明白。

（一）什么是结构化思维

思维是人脑对信息有意识的反映。人与人之间拥有巨大的思维差异，两个人对同样的信息产生了完全不同的理解和行为。在这个过程中，思维无疑是决定性的因素，是一切的根源。在“思考—态度—行为—结构”的思维循环里，思维过程重复多次，就会形成固定的思维方式，从而形成思维惯性，再遇见相同或类似的信息时，通常按照同样的思维方式思考，并得出同样的认知。思维方式也属于路径依赖的一种。当我们形成一种思维方式后，常常会以这种方式去处理大部分的信息，优势在于有效率，但形成固定思维方式的缺点也很明显，会导致我们忽略其他特质。所以，我们对思维方式本身要有所认识，形成适合自身发展的思维方式，并且掌握多种思维方式，在不同的情境里灵活运用。

成熟的思维方式是会深度分析思考，可以挖掘本质、抓住关键。进行深度分析思考就要借助结构化思维。结构化思维不是某种单一固定的思维方式，而是将各个思考部分系统有序地搭配或者排列组合。结构化思维会把零散、无序的信息，加工成系统、有序的信息，便于我们提高认知、高效工作、正确决策，更有助于实现自我目标。整个思维过程，可划分为四个阶段：获取信息—加工处理—呈现结果—迁移应用。结构化是指将逐渐积累起来的知识加以归纳和整理，使之条理化、纲领化，做到纲举目张。从这个定义可以看出，结构化是一种归纳演绎方法，它包含两个过程，第一个过程是大脑对输入的信息进行归纳整理，第二个过程是把归纳整理之后的内容向外有序地输出。从中可以看出，结构化最核心的内容就是归纳整理，本质上是一种框架，这种框架帮助我们将零散的信息打上标签，然后进行分类放置，当我们需要启用某些信息时，框架帮助我们寻找到同类标签的内容，并以归类后的框架将信息展示出来，这整个过程可以称为结构化思维，同时，也可以明显地看到结构化思维主要包含框架产生的规则（逻辑）和框架本身（思考范式）两个部分。此外，通过对过程的分析，我们也很容易发现结构化思维的重要意义。在信息大爆炸的互联网时代，知识呈现出碎片化特征，借助结构化思维，我们可以将孤立零散的知识纳入到已有的知识体系中。结构化思维可以促进个人进行准确的意思表达，从而提高沟通协调能力。结构化思维能够帮助我们更加全面、系统地思考，将复杂的问题简单化。所以，结构化思维对提高学习、沟通和解决问题的效率都具有十分显著的作用。

回归到文稿起草的结构化，很显然就是从逻辑结构、文稿内容两个方面梳理不同文种和各要素之间的内在关联，并进行归纳、整理，使之条理化、系统化、范式化，为文稿各个要素之间的搭配组合提供逻辑及内容支撑。

（二）归纳和演绎

归纳和演绎是逻辑思维的两种最基本的推理方法。人类的认识活动，总是先接触到个别事物，而后推及一般事物，又从一般事物推及个别事物，如此循环往复，使认识不断深化。归纳就是从个别到一般，演绎则是从一般到个别。归纳的本质为：情况 → 结果 → 规则。演绎的本质为：规则 → 情况 → 结果。

1. 归纳

归纳是从已知信息的共同属性中推导出结论。我们经常把具有同样因素的事件放在一起，尝试对它们进行归纳，如按照相似的人、相似的事、相似的客观环境、相似的步骤流程进行归纳。归纳法的主要作用在于：科学实验的指导方法，为了寻找因果关系而利用归纳法安排可重复性的试验；整理经验材料的方法，从材料中找出普遍性或共性，从而总结出定律和公式。归纳法的优点在于以观察、试验和调查为手段，判明因果联系，然后以因果规律作为逻辑推理的客观依据，所以结论一般是可靠的。

2. 演绎

演绎是从一般性的前提出发进行推导，得出具体或个别结论的过程。演绎的意义在于，能够让一个人的思维方式具有严谨性和一致性。因为推导是一环紧扣一环的，前提和结论之间是必然关系的推理，否则就会经不起推敲，形成逻辑谬误。演绎的两种核心思维方式是：三段式和常见式。三段式就是把一个推理过程分成三段：大前提—小前提—结论。

大前提：一个客观事实。

小前提：属于事实的子范畴。

结论：根据相关性得出的结论。

例如，大前提：独生子女开放了二胎政策。小前提：我是独生子女。结论：我可以生二胎。

在三段式的推理中，规则是最重要的，如果一开始的规则错了，那么推理也就全是错的。不同的大前提（价值观），才是导致言行相去甚远的关键因素。三段式是隐藏在因果关系里的推理，找出对方隐藏的大前提，确认推理是否正确，是提升逻辑能力、独立思考能力的有效方式。

演绎的方式：问题→原因→结论（解决方案）。

例如，问题：新员工小张业绩落后。原因：小张的话术不熟练。结论：带领小张进行话术演练。

演绎是原因导向，而不是目标导向。原因是造成现状与预期之间差异的根本因素。解决问题是原因导向，分解任务才是目标导向，这就是本质的区别。如何使用这种方法呢？对期望的事物能描述出衡量的标准、期望的状态，再对照现实情况，发现问题；用事实分解事情结构，再对照现实情况，找到问题的原因。

通常我们运用“逻辑树”来寻找原因。所谓逻辑树，就是由逻辑构成的大树，是运用大小关系和因果关系对构成要素的树干和树枝进行体系化整理的方法。在逻辑树中，把要解决的问题（主题）放在左边，把分解出的枝干放在右边，把再次解构的分枝继续放在右边，一般逻辑树有主题、枝干、枝叶三层。构建逻辑树有3个步骤：一是明确主题，明确分解的主题，即解决的问题是什么；二是穷尽方向，从尽可能多的维度拆分主题；三是层层分解，把各个方向的枝干再次拆分，直到问题能够解决。

二、文稿起草结构化的重要工具——金字塔原理

（一）金字塔原理的意义

文章条理清晰的根本在于结构的清晰，即句子的组织顺序（不管句子本身写得是好是坏）。而如何定义清晰，则主要在于其表达思想时的组织顺序，是否符合阅读时读者的思想活动顺序。同时，文稿是思想和逻辑的表达，文稿写作的结构清晰，需要思考、解决问题的结构清晰来作为基础。

麦肯锡咨询公司的芭芭拉・明托提出金字塔原理，以“金字塔”这一形象化的比喻，描述一种搭建结构的有效方法，适用于任何需要建构清晰逻辑的文章。她指出，在文章表达时，应该自顶部开始逐渐向下展开，在组织语言时，则要通过分组和概括的方式，自下而上思考。最终将人们大脑中的信息组织成一个由相互关联的金字塔组成的巨大的联合体，这也是人们自然的思维过程。

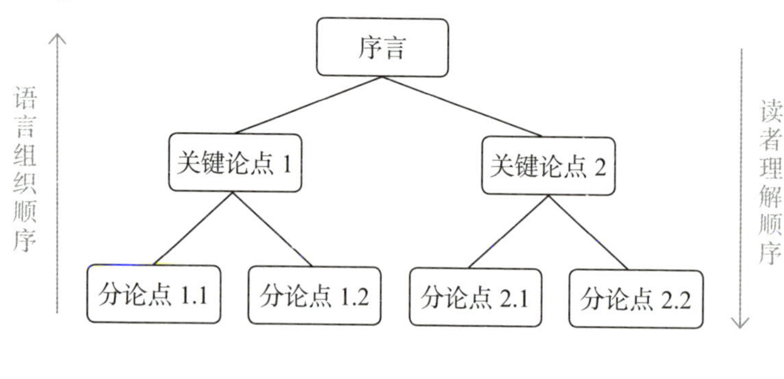

图 4—1　金字塔原理

对读者来说，大脑会自动将信息归到金字塔结构的不同分组中，任

何预先归到金字塔结构中的思想组都更加易于理解。具体而言，最容易理解的顺序是先了解主要的、抽象的思想，然后再了解次要的、为主要思想提供支持的思想（主要思想总是从次要思想中概括出来的）。

因此，文章中所有思想的理想组织结构，就如同一个金字塔形状一般，由一个总的思想统领多组思想，每一个论点与论据的小单元都是如此。

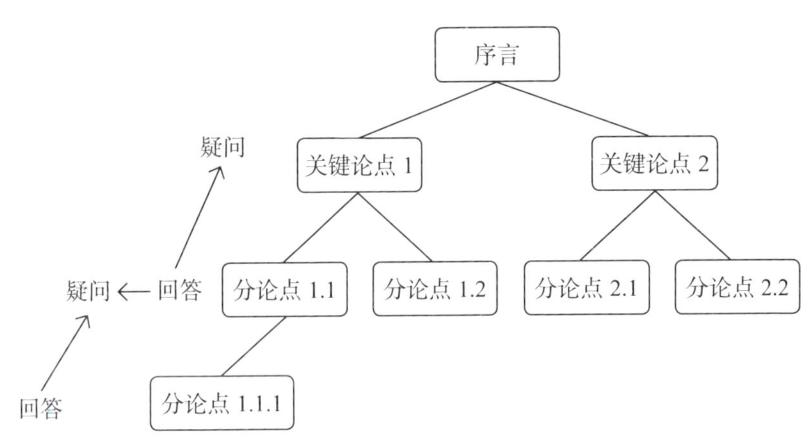

图 4—2　金字塔中的疑问 / 回答式对话

首先，表达的主要思想将使读者对作者这样的表述产生某种疑问，而主要思想的下一个层次上的思想将对此问题作出回答。也可以说，为了向读者传递新的信息而进行的表述，必然会使读者就其逻辑性产生疑问——例如：“为什么会这样？”“怎样才能这样？”等，作者再在该表述的下一个层次横向地对该问题作出回答。但是，这样的回答仍然传递了新信息，引发新的疑问，进而继续在下一个层次对新的疑问作出回答。直到读者不会再对新表述提出任何疑问，作者就可以离开金字塔结构的第一个分支，返回关键论点层次，继续回答由金字塔最顶端中的思想引起的初始疑问。通过不断地进行疑问 / 回答式的对话，读者就可以了解文章中的所有思想，文章也就可以定义为“结构清晰”。

（二）金字塔原理写作原则

一言以蔽之，金字塔原理就是，任何事情都可以归纳出一个中心论点，而此中心论点可由 3 ～ 7 个论据支持，这些一级论据本身也可以是个论点，被二级的 3 ～ 7 个论据支持，如此延伸，形成一个形似金字塔的结构。对于金字塔每一层的支持论据，有个极高的要求：MECE（Mutually Exclusive and Collectively Exhaustive），即彼此相互独立不重叠，同时所有论据组合在一起时完全穷尽不遗漏。

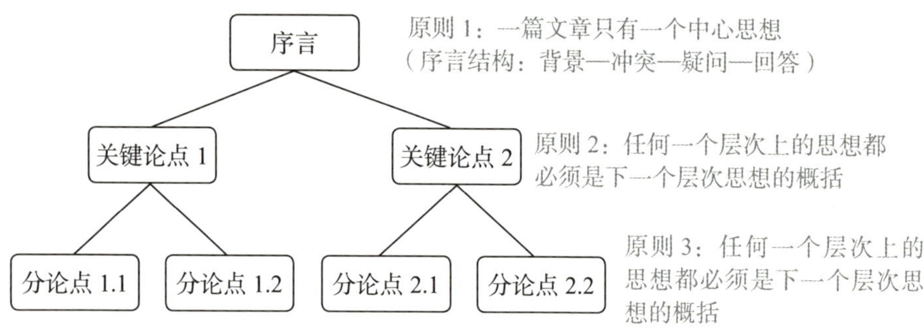

图 4—3　金字塔原理写作原则

具体来说，芭芭拉 · 明托在《金字塔原理》中，对于如何正确确立文章的结构，给出了以下三个规则：

（1）文章结构中任一层次上的思想都必须是其下一层次思想的概括。

思维和写作中的主要活动，就是将较具体的思想概括抽象为新的思想。例如段落主题是对段落中各句话的概括，章节主题是对章节中各个段落的概括。

（2）每一组中的思想都必须属于同一范畴。

通过将思想分类分组，可以提炼同一组中的共同点，从而能将思想的抽象程度提高一个层次。写作中的逻辑也是如此，通过对同一范畴的论述进行归纳概括，才能得到更上一层次的表述结论。如果在论述中存在不同范畴的内容，那么其对于上一层次的支撑作用，或者与本层次其他内容的关联关系，将存在明显不足。这种跳跃式的表述将打乱读者的理解思路，文章的结构自然会因此而变得混乱。

（3）每一组中的思想都必须按逻辑顺序组织。

在每一个模块的论证过程中，如果思想的组织顺序，能符合人的大脑分析活动的顺序，那么论证过程就能更容易被理解，而作者所提炼的结论，就会与读者所作出的判断相一致，推论过程就可以认为是严谨清晰的。

具体来说，组织思想基本只有四种逻辑顺序：

演绎顺序（大前提、小前提、结论）

时间顺序（第一、第二、第三）

结构顺序（波士顿、纽约、华盛顿）

重要性顺序（最重要、次重要，等等）

所选择的逻辑顺序反映了在组织思想时的分析过程，即分别对应大脑可进行的四类分析活动，演绎推理、发现因果关系、化整为零和归纳总结。演绎推理的论证顺序是演绎顺序，按因果关系组织往往形成时间顺序，对某种现有结构分别进行评论则是结构顺序，按类别组织思想形成重要性顺序。

在开始写作之前，将思想放入金字塔结构，是写出条理清楚的文章的关键。而应用以上规则对文章进行检验，充分地修改完善，使之完全符合这些规则，写出的文章大体就是结构清晰、条理清楚的。

（三）金字塔原理的核心要素

在金字塔原理中，文章的结构有三个核心要素：纵向的疑问 / 回答式对话、横向的演绎或归纳逻辑、讲故事式的引言结构。

1. 纵向关系处理

纵向联系能够很好地吸引读者的注意力，引起读者的兴趣，通过文字了解作者的思维发展。金字塔结构的力量在于，读者在阅读后可能会对观点持不同意见，但能够很清楚地了解作者这样表述的原因。而这种表述之所以清晰，是因为其内容一直紧紧围绕着回答由主题引起的问题，不会被其他思想所干扰或打乱。

金字塔结构的构建有自上而下和自下而上两种方式。自上而下法的主要步骤是确定主题、回答主要疑问，提出中心思想和关键句要点，在关键句要点下展开讨论。自下而上法的主要步骤是列出你想表达的所有思想要点、找出各要点之间的逻辑关系、得出结论。

一般来说，文稿从无到有、从收集材料到形成观点是一个自下而上建构金字塔的过程，文稿成型后则会展现出一个自上而下的金字塔形象，论点是下一层（统称为论据）思想的概括总结或结论。多数文稿常由主要领导先期定下主题，此类文稿起草过程中往往多使用自上而下法。偏重于研究性质的文稿，由于结论有待于探索，因此多使用自下而上法。

2. 横向关系处理

横向关系主要是指支撑同一论点的各论据之间的关系，分为演绎关系和归纳关系。当考虑在下一个结构层次上如何表述时，必须保证能够回答上一个层次所引起的疑问，同时还需要符合逻辑，不可在一个层次中，同时包含演绎与归纳两种逻辑关系。

具体来说，演绎关系是一个线性的推理方式，是从因到果，层层递进，推理的结论就是上一层级思想，即大前提、小前提、结论的三段论式推理，其重点在演绎推理过程的最后一步，即得出的最终推论。归纳关系则是将一组事实或思想归结为同一类，并对其相似性作出表述或推理，其各个论据之间有共性，上一层级的论点就是对论据的概括总结。

这两种关系相比，归纳关系往往具有创造性，因为大脑能够首先注意到若干不同的事物（思想、事件、事实）具有共性、共同点，然后将其归类到同一个组中，并说明其共性。经过归纳，表述的抽象层次能够得以提升。而演绎推理重点在于因果关系的描述论证，随着演绎链条加长，就会显得过于复杂，难以概括。

因此，在金字塔结构的关键句层次上要尽量使用归纳法进行论证，在较低的层次上，例如某一段落的叙述中，使用演绎法则是较为适当的，但也需要注意控制演绎推理的层级，并尽可能减少在推理过程中插入其他干扰信息。

3. 讲故事式的引言叙述方式

文章引言的目的主要是通过概述读者已知的信息，从而与文章将要回答的问题之间建立某种关联。一般先引入某种读者熟悉的“情境”，说明发生的“冲突”，并由此引发读者的“疑问”，然后再对“疑问”作出“回答”。

之所以通过这样讲故事的形式，是为了引起读者对文章主题的兴趣，带来强烈的吸引力，使读者能够轻易地抛开其他思想，专注于文章内容。同时，先传递一些读者已知的、肯定会认可的信息，从心理学的角度来说，能够使他们更容易接受文章接下来表达的观点，尤其当这一观点他们原本并不同意时。

具体在写作过程中，引言中包括的各类元素，根据行文风格的不同，可以拥有不同的排布顺序。而具体的长度，则没有固定的比例，主要应当确保在引导读者按照文章思路进行思考之前，作者与读者“站在同一位置上”。此处的引言转化到文稿中往往表现为工作中存在的问题，并以此引入下一步工作计划或安排。

（四）金字塔原理的应用

以自上而下法为例，利用金字塔原理完成文稿起草的主要流程如下。

1. 确定文章主题

根据文章针对的对象，通过文章主要说明的问题，结合领导的要求，明确文章最主要需要回答的疑问、解决的问题。

2. 列出文章关键论点

依据读者对主题可能产生的疑问，写出准备给出的回答。将回答与引言部分的“情境”与“冲突”对照，检查上述问题及回答是否成立。检查后形成文章的关键论点。

3. 组织关键论点论证

由关键问题引发的新疑问，确定采用演绎法或归纳法来回答，并组织主要回答的内容。

至此，一篇文章的金字塔架构就能够列出来了。通常它可以作为一份稿件的提纲，并以此来进行下一步的讨论修改，进一步明确关键论点的确立，以及论述部分的逻辑性与完整性。

很多时候，我们也会发现思考得还不够成熟，无法构建出金字塔结构的顶部。遇到这些情况时，可向下移动一个层次，从关键论点层次上着手。如果还不能够确定关键句，则可以通过“三步走”的过程自下而上地组织思想。

第一步：列出想表达的所有思想观点；

第二步：找出各要点之间的逻辑关系；

第三步：得出结论。

4. 文字表达技巧：充分运用图像化思维

为了理解和记忆，人在阅读过程中，头脑中的“记忆图像”会对段落中提取的信息逐字逐句加以记录，并随着文章的进展而逐渐清晰起来。在组织文章表达的时候，可以充分地运用这一特征。也就是说，做到文理清晰的有效方法，就是理清楚各种思想观点的内在关系，在头脑中有了清晰的图像后，再转化为清楚的句子，读者自然也能马上理解和吸收，并在记忆中以图像的形式存储知识。例如，在说明事物变化的趋势时，一个图像显然能够拥有比文字更直观的表达效果。而遇到一些难以想象的段落，提出的思想观点非常抽象时，结构图也能起到帮助理解的关键效果。

三、结构化写作方法应用

（一）背景介绍——撰写引言

当我们向并不了解背景情况的人说明工作情况或表达想法之前，需要用简短的话语进行铺垫，告诉对方基于何种情况做出之后的表达，以便对方了解核心内容或诉求。

在综合性文稿写作过程中，引言主要用于说明情况，其位于文稿的第一段或第一部分，一般表现为对发表讲话的会议主题进行说明。

示例 1：在全省决战决胜脱贫攻坚推进会上的讲话

这次会议的主要任务是，深入学习贯彻习近平总书记关于扶贫工作的重要论述，认真学习贯彻习近平总书记在决战决胜脱贫攻坚座谈会上的重要讲话，对脱贫攻坚工作再动员、再部署、再推进，动员全省各级各部门克服新冠肺炎疫情影响，在最后一年发起总攻、决战决胜，坚决打赢打好脱贫攻坚战，确保高质量完成目标任务。刚才，宝鸡市千阳县、榆林市佳县、汉中市城固县、安康市平利县、商洛市柞水县的 5 位县委书记作了发言，讲得都很好。一会儿，国中同志还要对工作提出要求，大家要抓好落实。

——陕西省委书记胡和平（2020 年 3 月 10 日）

示例 2：在决战决胜脱贫攻坚重点工作推进会上的讲话

3 月 6 日，习近平总书记向全党全社会发出了决战决胜脱贫攻坚的总攻令。经请示省委和林铎书记同意，今天，我们以视频会议的形式召开全省决战决胜脱贫攻坚重点工作推进会，县区一级请党政主要负责同志都参加，主要的考虑，就是在今年防范和降低新冠肺炎疫情影响、确保如期高质量完成脱贫攻坚收官任务这两个背景下，特别是在总书记亲力亲为、省委多轮部署，省里密集出台一揽子政策措施之后，从执行落实的角度，围绕总书记指出的“瞄准突出问题和薄弱环节狠抓政策落实”这一要求，对当前全省脱贫攻坚重点工作进行具体的动员、部署和推进。

——甘肃省长唐仁健（2020 年 3 月 18 日）

示例 1、示例 2 是相关省份在脱贫攻坚推进工作会上的讲话开篇，其会议的主要目的是一致的，都是在新冠肺炎疫情突然暴发的时刻，积极推动具有延续性的脱贫攻坚工作继续走深走实，以确保在 2020 年底完成全面脱贫攻坚的任务。但其写法因讲话人的身份、会议议程安排等略有不同，示例 1 简单评价了前面议程的内容；示例 2 则是对此次会议的安排进行了阐述，说明了确定会议形式、参会范围的考虑，内容相对更加丰富。从这两个示例也可以看出，一般而言会议讲话的开篇都较为简单，一般都开宗明义，一上来就直接表明会议（讲话）的任务。

示例 3：在全省脱贫攻坚总结表彰大会上的讲话

今天，我们隆重集会，深入学习贯彻习近平总书记在全国脱贫攻坚总结表彰大会上的重要讲话精神和视察贵州重要讲话精神，总结回顾我省脱贫攻坚的光荣历程、重大成就和宝贵经验，隆重表彰先进个人和先进集体，动员和激励全省上下大力弘扬脱贫攻坚精神，做好巩固拓展脱贫攻坚成果同乡村振兴有效衔接，为在新征程上续写高质量发展精彩篇章、开创百姓富生态美的多彩贵州新未来而不懈奋斗。

习近平总书记在全国脱贫攻坚总结表彰大会上庄严宣告，经过全党全国各族人民共同努力，在迎来中国共产党成立一百周年的重要时刻，我国脱贫攻坚战取得了全面胜利，区域性整体贫困得到解决，完成了消除绝对贫困的艰巨任务，创造了又一个彪炳史册的人间奇迹！这一庄严宣告，极大振奋了中华儿女追梦圆梦的决心和信心，极大激发了亿万人民接续奋斗的士气和干劲。此时此刻，我们重温总书记的重要讲话，再次深刻感受到总书记在领导伟大战贫斗争中所展现的非凡政治智慧、强烈责任担当、博大民生情怀，深刻感受到党中央集中统一领导和我国社会主义制度的显著优势，深刻感受到中国共产党人为中国人民谋幸福、为中华民族谋复兴的初心使命，深刻感受到全国人民在波澜壮阔的伟大战役中所展示的中国精神、中国价值、中国力量。所有这些，激励着我们在新时代新征程上披荆斩棘、奋勇前行！

贵州曾经是全国贫困人口最多、贫困面最大、贫困程度最深的省份，全省各族干部群众以战天斗地、不怕牺牲的拼搏状态，举全省之力向绝对贫困发起总攻，66 个贫困县全部摘帽，923 万贫困人口全部脱贫，减贫人数、易地扶贫搬迁人数均为全国之最，在国家脱贫攻坚成效考核中连续 5 年为“好”，在贵州大地上书写了中国减贫奇迹的精彩篇章，为全球减贫事业提供了有益借鉴和参考。千年脱贫梦，今朝终得圆。这是全省各族人民的无上光荣，是贵州全体党员干部的无上光荣！

——贵州省委书记谌贻琴（2021 年 4 月 23 日）

示例 4：在四川省脱贫攻坚总结表彰大会上的讲话

2 月 25 日，党中央隆重召开全国脱贫攻坚总结表彰大会，习近平总书记向全世界庄严宣告：我国脱贫攻坚战取得了全面胜利，创造了又一个彪炳史册的人间奇迹。这是中国人民的伟大光荣，是中国共产党的伟大光荣，是中华民族的伟大光荣！

四川是全国脱贫攻坚战的主战场之一。在以习近平同志为核心的党中央的坚强领导下，在中央和国家机关各部委、各兄弟省份和社会各界的支持帮助下，通过全省上下的艰苦努力，我省脱贫攻坚战取得全面胜利，现行标准下 625 万农村贫困人口全部脱贫，88 个贫困县全部摘帽，11501 个贫困村全部出列，区域性整体贫困得到解决，绝对贫困全面消除，兑现了向全省人民的庄严承诺，向习近平总书记、党中央交出了一份合格答卷！这场波澜壮阔、气吞山河的伟大战役，书写了四川战胜贫困、圆梦小康的壮丽篇章，在我省发展史上留下了浓墨重彩的一笔，具有重要里程碑意义！

今天，我们召开全省脱贫攻坚总结表彰大会，就是要深入学习贯彻习近平总书记重要讲话精神，回顾总结我省脱贫攻坚的奋斗历程，隆重表彰先进个人和先进集体，进一步激励全省各族人民，大力弘扬伟大脱贫攻坚精神，奋进新时代、开启新征程、续写新篇章，为全面建设社会主义现代化四川不懈奋斗。

——四川省委书记彭清华（2021 年 4 月 22 日）

示例 3、示例 4 是相关省份在脱贫攻坚表彰大会上的讲话，其主要内容是一致的，但排列顺序却不同，贵州省开篇即讲此次会议的主要目的，然后引述了中央会议的精神，再次对本省的脱贫攻坚成绩进行概述；四川省开篇即引述中央会议精神，然后概述本省成绩，最后点明此次会议精神。但从本质上讲，这两种写法区别不大，都是从上到下，从大到小，将本省的工作放在全党全国的大背景下去评述，体现对党中央重大决策部署的贯彻落实。

以上 4 个示例主要是领导讲话的引言写法，但除了领导讲话，我们在综合性文稿写作的过程中还经常要处理汇报、请示，这些引言又该怎么写呢？这里就要为大家介绍“SCQA”引言模式。

S 即 situation，情境。情境是对原本稳定状态的描述，即原本已经发生或正在发生的事情，通常它是关于文章主题公认的事实，是受众的一般性认识，让受众有认同感，进而产生兴趣，有利于文章后面内容的全面展开。

C 即 complication，冲突。complication 不是一般意义上的问题，而是引发受众在心中产生疑问的问题，冲突是推动事件 / 工作继续发展的因素，它打破原有的稳定状态，触发受众心中的疑问，让受众更希望继续看下去。

Q 即 question，疑问。疑问由笔者提出，可用来引导受众思考的方向。在综合性文稿起草过程中，一般而言，较少直接提出疑问，因为受众往往对问题有一定的认识，其能够通过情境和冲突的描述获取隐藏在背后的问题。此外，文稿的确定性原则也需要文稿在表述中更加平实准确，直接将疑问转化为陈述句表达。

A 即 answer，回答。解答受众心中的疑问，亦可理解为是对工作进行部署安排。

示例 5：关于加大力度推行经理层成员任期制和契约化管理有关事项的通知

国企改革三年行动实施以来，各中央企业、各地积极推进经理层成员任期制和契约化管理工作，取得了一定进展，但仍然存在签约主体不明确、目标设定不科学、考核结果在薪酬挂钩和岗位调整方面应用不刚性等问题。为深入贯彻落实国企改革三年行动有关要求，切实推动国有企业在健全市场化经营机制方面取得实质性进展，现就有关事项通知如下。

示例 5 中，第一句话即将“S+C”描述出来了，即经理层任期制和契约化管理虽然取得了成绩，但还存在很多问题。第二句话对应了“Q+S”，提出要推动工作取得实质性进展，并对下一步工作进行安排。

SCQA 不止可以用来书写引言，还可以作为整篇文章的框架。当需要向受众描述针对某个问题的前因后果时，就可以分别从 S、C、Q、A 四个方面进行详细说明，只是如果要用 SCQA 来结构全文时，就需要填充更多更详细的内容进去，这种模式多用于请示或报告。

示例 6：关于加强种子工作的报告

国务院：

伟大领袖和导师毛主席指出：“有了优良品种，即不增加劳动力、肥料，也可获得较多的收成。”建国以来，种子工作取得很大成绩，各地都选育和推广了一大批优良品种。一九五七年以来，我国育成了国内外著名的水稻矮秆良种矮脚南特号、珍珠矮、广陆矮四号等，并迅速普及，增产效果十分显著。在华主席亲切关怀下，一九七三年又育成了杂交水稻，一九七五年开始用于生产，一九七七年已推广到三千多万亩，一般增产二、三成以上。小麦品种也有重大突破，先后选育推广了碧玛一号、丰产三号和泰山一、四号等抗锈高产良种，摘掉了小麦是“低产作物”的帽子；一九七〇年我国又培育出具有世界先进水平的八倍体小黑麦，正在高寒山区迅速推广。玉米、高粱杂交种的推广面积已占播种面积的百分之六十左右。棉、油、糖、麻、烟等经济作物也选育、推广了一批优良品种。近几年来，良种繁育推广体系有新发展，出现了一些统一供种的新形式，如常规品种由大队种子队统一繁殖、统一保管、统一供应各生产队用种；杂交水稻、玉米、高粱由县良种场繁殖亲本，公社良种场配制杂交种，统一供应全公社用种。这是由生产队分散留种过渡到统一供种的一项重大改革。实践证明，它有利于发挥人民公社“一大二公”的优越性，加快了良种的繁育推广速度，保证了大田用种的数量和质量，节约了人力、物力和财力，有利于实现种子加工机械化，收到了很好的增产效果。

但是，由于林彪、特别是“四人帮”反革命修正主义路线的干扰破坏，加上我们的工作没有做好，种子工作和普及大寨县、加快农业发展速度的形势很不适应；跟农业比较发达的国家相比，在育种速度、品种管理和种子机械等方面，差距很大。主要是：大田品种“多乱杂”；不少地方还缺少早熟、高产、优质、抗逆性强的品种；种子工作缺少一套科学的管理制度；多数省、地还没有种子生产基地，县以下的种子生产基地也不健全、不够用；种子加工机械化基本上还是一个空白。

最近，英明领袖华主席指示，种子问题要认真抓。种子很重要，种子搞好了可以增产百分之二十到三十。我们必须大力加强种子工作，为实现一九八〇年和一九八五年粮、棉、油等奋斗目标做出贡献。要求一九八〇年基本实现种子生产专业化、加工机械化、质量标准化和品种布局区域化，一九八五年基本实现以县为单位，组织统一供种，到本世纪末赶超世界先进水平。具体意见如下：

一、充分发挥现有良种的增产作用，不断选育出接班品种。

……

二、成立种子公司，加快良种推广速度。

……

三、建立种子生产基地，健全良种繁育推广体系。

……

四、搞好种子机械生产，加速实现种子加工机械化。

……

五、加强领导，建立健全管理制度。

……

农林部

一九七八年四月三日

示例6用SCQA结构，对情境、冲突、疑问都进行了详述，在此基础上提出针对性的解决办法。

SCQA是写作文章引言的四个组合要素，将这四个要素进行不同顺序的排列，可以展示不同的风格，表达不同的情绪，如，基础表达式：SCQA；开门见山式：ASC；突出问题式：CSA；突出办法式：QSCA。

（二）主体框架——展开内容

明确了引言之后，就到了核心内容的展开环节，在这个环节中，如果写作没有规划，缺少逻辑，最终只能是难以清晰、全面、准确地表达出核心思想。因此，我们要建立框架，让内容在框架内进行。

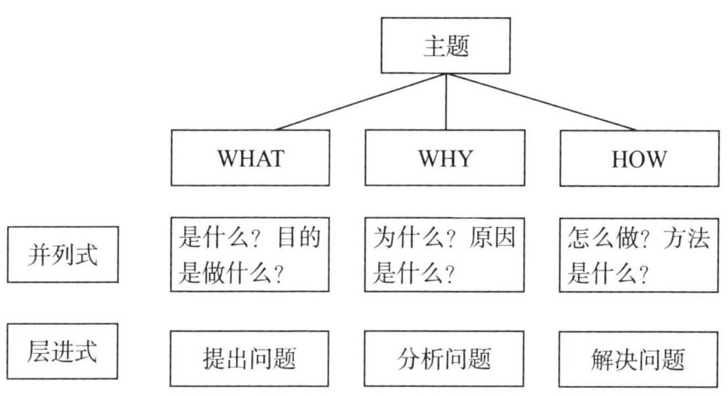

图 4—4　2W1H 思维框架

1. 并列式：描述说明

工作中，我们常常需要向他人描述、说明某件事情或某个事物。在这些场景下，表达方式有一个共同点——核心都是在“回答”对方三个问题“是什么—为什么—怎么做”。

示例 7：在全国深化“放管服”改革着力培育和激发市场主体活力电视电话会议上的讲话

营商环境是市场主体面临的制度性条件，是他们（市场主体）生存发展的土壤。好的营商环境就是生产力、竞争力。“放管服”改革是优化营商环境的关键之举。深化“放管服”改革，要坚持市场化、法治化、国际化整体推进，打造一流营商环境，促进大企业“顶天立地”、小企业“铺天盖地”，不断解放和发展生产力。

——国务院总理李克强（2021 年 6 月 2 日）

示例 7 中，第一句话对营商环境具体所指进行解释；第二、三两句阐释了营商环境的重要性，即为什么要创造良好的营商环境；第四句话则直接概述要从“市场化”“法治化”“国际化”三方面推进打造一流营商环境。

在“并列式”中，What、Why、How 三者的表达顺序并无定式，可以根据实际需要作出相应的调整。

2. 层进式：澄清问题

在工作场景中，在文稿起草的过程中，存在大量的场景是为了“解决问题”。关于问题的沟通，一般是采用“什么问题—什么原因—如何解决”的格式。与“并列式”的灵活不同，“层进式”的格式是固定的，有明确的先后顺序，因为我们一定是先发现问题，然后才分析和解决问题。

示例 8：改造我们的学习

我主张将我们全党的学习方法和学习制度改造一下。其理由如次：

一

……

二

但是我们还是有缺点的，而且还有很大的缺点。据我看来，如果不纠正这类缺点，就无法使我们的工作更进一步，就无法使我们在将马克思列宁主义的普遍真理和中国革命的具体实践互相结合的伟大事业中更进一步。

首先来说研究现状。……

其次来说研究历史。……

其次说到学习国际的革命经验，学习马克思列宁主义的普遍真理。……

上面我说了三方面的情形；不注重研究现状，不注重研究历史，不注重马克思列宁主义的应用。这些都是极坏的作风。

这种作风传播出去，害了我们的许多同志。

……

三

为了反复地说明这个意思，我想将两种互相对立的态度对照地讲一下。

第一种：主观主义的态度。

在这种态度下，就是对周围环境不做系统的周密的研究，单凭主观热情地工作，对于中国今天的面目若明若暗。在这种态度下，就是割断历史，只懂得希腊，不懂得中国，对于中国昨天和前天的面目漆黑一团。在这种态度下，就是抽象地无目的地去研究马克思列宁主义的理论。不是为了要解决中国革命的理论问题、策略问题而到马克思、恩格斯、列宁、斯大林那里找立场，找观点，找方法，而是为了单纯地学理论而去学理论。不是有的放矢，而是无的放矢。马克思、恩格斯、列宁、斯大林教导我们说：应当从客观存在着的实际事物出发，从其中引出规律，作为我们行动的向导。为此目的，就要像马克思所说的详细地占有材料，加以科学地分析和综合的研究。我们的许多人却是相反，不去这样做。其中许多人是做研究工作的，但是他们对于研究今天的中国和昨天的中国一概无兴趣，只把兴趣放在脱离实际的空洞的“理论”研究上。许多人是做实际上工作的，他们也不注意客观情况的研究，往往单凭热情，把感想当政策。这两种人都凭主观，忽视客观实际事物的存在。或作讲演，则甲乙丙丁，一二三四的一大串；或作文章，则夸夸其谈的一大篇。无实事求是之意，有哗众取宠之心。华而不实，脆而不坚。自以为是，老子天下第一，“钦差大臣”满天飞。这就是我们队伍中若干同志的作风。这种作风，拿了律己，则害了自己；拿了救人，则害了别人；拿了指导革命，则害了革命。总之，这种反科学的反马克思列宁主义的主观主义的方法，是共产党的大敌，是工人阶级的大敌，是人民的大敌，是民族的大敌，是党性不纯的一种表现。大敌当前，我们有打倒它的必要。只有打倒了主观主义，马克思列宁主义的真理才会抬头，党性才会巩固，革命才会胜利。我们应当说，没有科学的态度，即没有马克思列宁主义的理论和实践统一的态度，就叫做没有党性，或叫做党性不完全。

……

第二种：马克思列宁主义的态度。

在这种态度下，就是应用马克思列宁主义的理论和方法，对周围环境作系统的周密的调查和研究。不是单凭热情去工作，而是如同斯大林所说的那样：把革命气概和实际精神结合起来。在这种态度下，就是不要割断历史。不单是懂得希腊就行了，还要懂得中国；不但要懂得外国革命史，还要懂得中国革命史；不但要懂得中国的今天，还要懂得中国的昨天和前天。在这种态度下，就是要有目的地去研究马克思列宁主义的理论，要使马克思列宁主义的理论和中国革命的实际运动结合起来，是为着解决中国革命的理论问题和策略问题而去从它找立场，找观点，找方法的。这种态度，就是有的放矢的态度。“的”就是中国革命，“矢”就是马克思列宁主义。我们中国共产党人所以要找这根“矢”，就是为了要射中国革命和东方革命这个“的”的。这种态度，就是实事求是的态度。“实事”就是客观存在着的一切事物，“是”就是客观事物的内部联系，即规律性，“求”就是我们去研究。我们要从国内外、省内外、县内外、区内外的实际情况出发，从其中引出其固有的而不是臆造的规律性，那找出周围事变的内部联系，作为我们行动的向导。而要这样做，就须不凭主观想象，不凭一时的热情，不凭死的书本，而凭客观的指导下，从这些材料中引出正确的结论。这种结论，不是甲乙丙丁的现象罗列，也不是夸夸其谈的滥调文章，而是科学的结论。这种态度，有实事求是之意，无哗众取宠之心。这种态度，就是党性的表现，就是理论和实际统一的马克思列宁主义的作风。这是一个共产党员起码应该具备的态度。如果有了这种态度，那就既不是“头重脚轻根底浅”，也不是“嘴尖皮厚腹中空”了。

四

依据上述意见，我有下列提议：

（一）向全党提出系统地周密地研究周围环境的任务。……

（二）对于近百年的中国史，应聚集人材，分工合作地去做，克服无组织的状态。……

（三）对于在职干部的教育和干部学校的教育，应确立以研究中国革命实际问题为中心，以马克思列宁主义基本原则为指导的方针，废除静止地孤立地研究马克思列宁主义的方法。研究马克思列宁主义，又应以《苏联共产党（布）历史简要读本》为中心的材料。……

——毛泽东（1941年5月19日）

《改造我们的学习》就是典型的层进式，第二部分直陈学习中存在的问题及表现出来的状况，第三部分则分析为什么学习中会出现这些问题，第四部分根据分析出的原因提出具体建议，逐层深入，一气呵成，而且其语言活泼、说理透彻，取得了很好的论证效果，这篇报告的内容不仅在当时具有重要的意义，对当下的学习情况也有重要的指导借鉴作用。

无论是“并列式”还是“层进式”，其本质都是借用2W1H的思维框架对自己的思路进行梳理，应对复杂问题时，可以调用更为全面的框架来进行分析，如5W2H。5W2H的含义是：What——是什么？目的是什么？做什么工作？Why——为什么要做？可不可以不做？有没有替代方案？Who——由谁来做？When——什么时间做？什么时机最适宜？Where——在哪里做？How——怎么做？如何提高效率？如何实施？方法是什么？How much——做到什么程度？数量如何？质量水平如何？费用产出如何？

（三）论点分布——内容充实

在结构化思考和写作中，明确了主体框架后，即需要对论点、分论点进行梳理，并将其按照一定的顺序进行分布。在论点与分论点的关系处理上，一般遵循每一层次上的思想是对下一层次思想的总结概括，这样表达层次会更加清晰。论点与分论点的产生有两种方式，一是自上而下，从疑问开始不断进行分解；二是自下而上，从现象开始不断进行概括总结。

在文稿起草初期，一般会从各种渠道收集到大量信息，对这些信息的遴选过程就是信息不断结构化的过程，首先就需要对信息进行分类，使其更加清晰，以便后续进行归纳总结，提炼核心观点。

1. 归类分组

如何进行分类。一般有两种形式：开放式分类和封闭式分类。开放式分类是根据实际情况，选择相应的标准，将需要表达呈现的信息分为不同的类别。封闭式分类是选择通用的以及成熟而稳定的框架对信息进行分类，使信息能与框架中的要素一一对应。

（1）开放式分类。

开放式分类的标准由起草人自由选定，没有限制，只要分类结束后信息是清晰的、准确的即可。选取的标准不同，分类的结构也会存在很大差异，但对分类本身而言，每一种分类方式没有好坏对错之分，是否合适还得看实际环境的需求。开放式分类虽然相对自由，但无论选择何种标准，最后的分类结构一定是要遵循 MECE 原则。

示例 9：挂职工作介绍

从三个视角介绍此次挂职的特点：

——从组织的角度看；

——从挂职干部的角度看；

——从挂职岗位的角度看；

第三个视角与前两个视角是不匹配的，逻辑上存在交叉。可修改为：

——从挂职方向上看；

——从岗位安排上看；

（2）封闭式分类。

封闭式分类是直接套用大家约定俗成的模型、框架，是一种“拿来主义”。比如常用的 SWOT、波特五力模型、SPACE 矩阵、COSO 风险管理整合框架，等等，这些模型是一种稳定的思维框架，为我们提供一种成熟的分类方式。得益于这些模型，我们只需要将那些待整理的信息与模型的构成要素进行一一对应，就能完成一次清晰的分类。

示例 10：扎实提升风险管控能力 为创建世界一流企业保驾护航

近几年央企高速发展，规模扩张很快，但风险管理能力并没有与之相匹配。总体上有这样一种现象，那就是风险管理工作较好的企业扩张比较适度、发展比较稳健；风险管理能力不强的企业扩张的非常快，导致了一些风险事件发生，教训十分深刻，也折射出央企风险管理还存在很多问题。这些问题，正是我们开展全面风险管理提升要解决的短板和瓶颈。

1. 对风险管理重视程度不够，风险意识有待加强。……

2. 风险管理职能定位不明确，体系运行不畅。……

3. 重大风险有效控制办法比较少。……

4. 风险管理信息化建设还比较初级。……

5. 风险管理专业人才比较缺乏。……

——国资委副主任、党委副书记邵宁（2012 年 8 月 28 日）

示例 10 中的分类，就是在风险管理基本流程的基础上结合实际工作情况，通过借助框架就可以把该领域的工作分析得清清楚楚且不重不漏。值得注意的是，在综合性文稿的起草过程中，可以借助专业领域的框架，但文稿却不一定完全与框架保持一致，可以根据文稿的需要进行微调。

2. 排列顺序

无论受众是通过“听”还是“看”来了解文稿中的信息，其一定是按照从前往后的顺序进行的，那么，把哪些信息放在前，哪些信息放在后就需要在写作时进行考虑，呈现的顺序不同，同样的内容也会有不同的效果。

常见的排列顺序有三种，分别是时间顺序、结构顺序和重要性顺序。

（1）时间顺序。

按照事情发生的先后进行排列，在工作总结时主要表现为由远及近，在工作部署时则由近及远。在综合性文稿写作中，全篇按时间顺序排列较为少见，一般只用于个别章节，用工作的急迫来突出工作的成效。

示例11：关于《中共上海市委关于制定上海市国民经济和社会发展第十四个五年规划和二〇三五年远景目标的建议》的说明

“十四五”时期是上海在新的起点上全面深化“五个中心”建设、加快建设具有世界影响力的社会主义现代化国际大都市的关键五年。市委对《建议》起草和规划编制工作高度重视，成立领导小组，深入开展专题调研，广泛听取意见建议，开通了公众建言平台，使文件起草过程成为发扬民主、开门问策、集思广益的过程。起草组结合各方面意见建议和研究成果，于9月底起草形成征求意见稿。10月上旬，征求了市委、市人大常委会、市政府、市政协和市有关部门、各区主要领导同志的意见。11月5日提交市委常委会会议审议后，又广泛征求了市四套班子领导、市委委员和候补委员、市纪委委员以及各区、各部门、部分企事业单位、老同志、部分基层党代表等各方面意见，听取了民主党派、工商联、无党派人士的意见。起草组按照充分吸纳、能改则改的原则，反复修改完善，形成提交全会审议的《建议》讨论稿。

——上海市委书记李强（2020年12月11日）

（2）结构顺序。

结构顺序体现的是组成整体之部分，或者构成某个系统的要素之间的关系，这些部分或要素往往是平行并列的关系，但在表达时仍需要按照某些原则对这些部分或要素进行排序。排序原则的选择没有定式，如何选择取决于实际环境的需要或表达的目的，表达的重点不同，采取的顺序也就不同。比如同样是安排人才发展工作，面对校招新员工时，“选育留用”往往就更加强调“育”，重点在介绍培养体系；面对高层次人才时，则往往更加强调“留”，用事业留人，重在介绍事业发展前景。

（3）重要性顺序。

重要性顺序就是按照事物轻重缓急的程度进行排列。重要性顺序会更加突出重点、主次分明，一般会用“首先……其次……再次……”等划分等级。

第 5 章

文稿起草的体系化

一、体系化的主要内涵

二、体系化的方法工具

三、体系化方法的应用

一、体系化的主要内涵

体系是一个科学术语，泛指一定范围内或同类事物按照一定的秩序和联系组合的整体。体系化就是使事物成为体系的过程。体系化文稿起草方法，就是一种整合文稿起草的全局业务流的管理过程，通过梳理文稿起草各环节之间的内在联系，高效配置资源，从而保障文稿起草工作持续高效运行，创造价值。

在文稿起草工作中，往往我们获得的信息、面对的素材是散乱的、非结构化的，问题不聚焦、逻辑不清晰，就会导致文稿起草效率变慢。“纲举而目张”，找到贯穿文稿的主线，再相应地摆布、填充、完善素材内容，文稿起草就会变得简单许多。将体系化思维融入到文稿起草当中，通过系统地获取和梳理素材、应用分析工具、搭建体系化起草框架，能更高效地帮助我们解决文稿起草中遇到的问题，提升写作和产出效率。

同时，文稿起草的体系化，把文稿写作过程中产生的诸多要素，通过一定的秩序、逻辑和联系，有机整合在一起，构建起文稿起草完整的理论逻辑、核心观点、文章框架等。这也体现了文稿起草从感性认知上升到理性思考的过程。概括而言，文稿起草的体系化包括以下几个方面特性。

第一是目的性。这是文稿起草体系化的首要特性。综合性文稿不是小说散文，不是漫无边际的文学创造，它的起草具有很强的客观目的，或是指明工作方向，或是解决某些问题，或是提出具体要求，等等。这就要求文稿起草的全过程都要围绕这一客观目的来展开，文稿的谋篇布局、组织框架、观点阐述等体系化的元素，都要服务于这一客观目的。可以说，目的性就是文稿起草体系化的总牵引，贯穿于文稿起草的全过程。

第二是完备性。这主要是针对文稿的研究分析过程而言的。没有调查研究就没有发言权。要达到文稿写作的目的，围绕这一目的分层次、体系化地阐述文章观点，离不开全面的资料搜集，全面的细化梳理，全面的思考研究。写文章其实也是做研究，这些全面的收资、梳理、分析的过程，就体现了文稿起草的完备性。完备的资料准备，充分的调查研究，也是在为写好文章打牢坚实基础。

第三是逻辑性。这也是文稿起草体系化的一个重要特性。体系化的处理必须经得起逻辑的推敲。整篇文章无论是谋篇布局，还是观点陈述，无论是逐层递进，还是多角度分析，都必须建立在正常的逻辑框架下。如果将一篇文稿比作一栋建筑，逻辑性就好比土木工程，牵涉到钢筋水泥的用量、楼层的承重。逻辑说不通，体系化就无从谈起，文稿这座建筑也必然会轰然倒塌。

第四是严谨性。文稿在体系化处理的过程中，特别是在研究分析环节，通过对资料的分析，梳理提炼总结文稿的观点体系时，必须强调推理和分析的严谨，这是文稿写作体系的根基。收资、梳理、分析、提炼、立意、布局、阐述，每一个步骤都是环环相扣的，一个环节不严谨都会导致整篇文章的不严谨。要注意运用成熟的工具来开展分析研究。同时，严谨性还体现在文稿中观点的论证支撑是否充分，各部分内容穿插措辞的表述是否恰当合适，文稿所涉及的数据是否准确，等等。

第五是系统性。文稿起草的体系化，就是把文稿起草的全过程、各方面都作为一个整体来推进，体现着整体的观点。从文章的论述上来说，文章的结构是层次分明的，不同维度的内容处于不同的层级，形成一定的秩序。不同层级之间，不同段落之间，具有清晰的逻辑关系。从文稿的起草过程来说，往往也是成体系成系统去推进的过程，从中贯穿的是文稿写作的一般规律，这也意味着综合性文稿的起草是有规律可循的。

二、体系化的方法工具

（一）素材管理的体系化

著名散文作家秦牧说，一个作家应该有三个仓库，一个装生活中得来的材料的仓库；一个装间接材料的仓库，即装从书籍和资料中得来的材料；另一个就是日常收集的人民语言的仓库。综合性文稿写作是一项综合性很强的文字工作，需要收集大量的素材，这样起草起文稿来才能信手拈来、事半功倍。

写作素材的来源非常广泛，可以是网上资料，可以是纸质报刊，也可以是调研所得。素材是海量的，那么，平常应该关注和收集哪些素材呢？要建立起适用于综合性文稿写作的素材库，大致来说可以盯住七个方面。

1.“盯中央”

及时学习党中央、国务院重大决策部署，包括召开的会议、出台的文件、作出的指示等，这是写好综合性文稿特别是机关公文的基本前提。这里面有几类是需要重点关注的。一是习近平总书记发表的重要讲话、作出的重要指示批示，必须第一时间认真学习阅读，把握精神内涵。二是中央召开的重要会议，比如党的全国代表大会、中央政治局会议、中央经济工作会议、全国两会等，这些会议作出的重大判断、释放的重要信号、作出的最新部署都是举世瞩目的，在写作过程中需要重点关注。三是党中央国务院发布的重要文件，一般是由中共中央办公厅、国务院办公厅印发，也需要高度重视。具体而言，这方面平时可以多关注人民网、新华网、学习强国、中国政府网、共产党员网等媒体。

2. “盯世界”

当前正处于世界百年未有之大变局，世界政治和经济格局正在发生着重大深刻的变化，以数字技术为代表的第四次工业革命正在加速形成。特别是新冠肺炎疫情的暴发蔓延，让大家对“世界之变”有了更为直观深刻的感受。我们所处的时空是世界的时空，世界的变化对国家、产业、行业、政府企事业单位等都会产生或多或少、或大或小的影响。古人云：“不谋全局者，不足谋一域。”文稿工作者要关心时政大局，关注时事新闻，多留意宏观经济数据、时政评论文章，善于观察大势、洞察大势，深刻把握世界之变、时代之变、历史之变。

3. “盯上级”

这里的“上级”指的是上级部委、上级单位等。上级有部署，下级就要落实。因此，上级召开的重要会议、印发的重要文件、出台的政策、调研考察的内容，都与本单位的工作紧密相关，必须密切关注、做好研究。当然，上级有时出台的政策适用范围比较广，在具体操作和落地方面仍需细化，需要结合实际进行本地化的承接。对于文字工作者来说，上级的新精神、新任务、新要求，往往是文稿起草过程中形势分析、工作重点部分常常用到的内容。

国家能源局关于2021年风电、光伏发电开发建设有关事项的通知（节选）

各省（自治区、直辖市）能源局，有关省（自治区、直辖市）及新疆生产建设兵团发展改革委，各派出机构，国家电网、南方电网、内蒙古电力公司、电规总院、水电总院，各有关企业，各有关行业协会（学会、商会）：

2021年是“十四五”开局之年，风电、光伏发电进入新发展阶段。为持续推动风电、光伏发电高质量发展，现就2021年风电、光伏发电开发建设有关事项通知如下：

一、总体要求

深入学习贯彻习近平生态文明思想和习近平总书记关于能源安全新战略的重要论述，落实碳达峰、碳中和目标，以及2030年非化石能源占一次能源消费比重达到25%左右、风电太阳能发电总装机容量达到12亿千瓦以上等任务，坚持目标导向，完善发展机制，释放消纳空间，优化发展环境，发挥地方主导作用，调动投资主体积极性，推动风电、光伏发电高质量跃升发展。2021年，全国风电、光伏发电发电量占全社会用电量的比重达到11%左右，后续逐年提高，确保2025年非化石能源消费占一次能源消费的比重达到20%左右。

……

4.“盯各地”

关注各地有什么先进做法、新的探索、好的讲话等。“他山之石，可以攻玉”，情况类似的单位在工作实践中的创新之举、优良之法、经验之谈等，可以激发文稿写作的灵感，并作为相应的借鉴。比如，在开展党史学习教育的过程中，各地在按要求完成规定动作的基础上，会结合具体实际开展一些具有特色的“自选动作”，这些在我们起草方案或文稿时都可以作为很好的借鉴。

学党史 悟初心 办实事
——江西各地创新形式推进党史学习教育落在实处（节选）

自党史学习教育活动开展以来，江西各地围绕“学史明理、学史增信、学史崇德、学史力行”总要求，创新学习平台、丰富学习方式，把党史学习教育融入日常、落在实处，让党史学习教育更有新意、更接地气。

……

走进上高县新界埠镇城陂村农家书屋，书架上整齐摆放着一本本党史相关书籍。以“党建＋文化”为引领，上高县将农家书屋升级建设为党史学习教育红色“驿站”，设置党史学习专区，并结合党员活动日开展读书分享会等交流学习活动。

南昌市新建区则把学党史活动带进了社区。近日，新建区直机关工委、区委党史办的讲解员来到位于心怡广场的抱朴书屋，为社区群众讲述了新建区党史上的著名案例，将党史知识融入到一个个小故事中，带领大家寻找初心与使命。

……

5. “盯行业”

关注所处行业的发展趋势、前景、信息、动态等，这些与本单位的业务发展密切相关。这里面有三层含义，一是关注行业的发展趋势，包括行业的发展前景、技术应用、改革创新等方面的最新动态。二是关注行业发展前沿或改革发展趋势的研究报告。比如在能源电力行业，关于“碳达峰、碳中和”、关于构建以新能源为主体的新型电力系统等，都属于与行业发展密切相关、影响行业发展的大事件，必须高度关注，可以多看看这方面的研究分析报告或评论文章。文字工作者可能不需要具体研究这些专业知识，但通过广泛阅读相关的资料，对于个人加强学习、加深理解是大有裨益的。“胸有乾坤天地大，腹有诗书气自华”，这些学习都会在潜移默化中帮助提高文稿起草的水平。三是关注行业头部单位或企业，它们在行业处于领先地位，往往能够“站得高、看得远”，作出的研判和决策往往更具有前瞻性和预见性，需要给予重视。

6.“盯部门”

关注本单位各个部门最新的工作举措和进展。综合性文稿的起草前一般都有收资环节，各部门提交的材料能够让起草人员较为全面地掌握本单位各领域的工作进展、重大事件、下一步工作计划和重点，这是综合性文稿的主要素材来源。

7.“盯基层”

文稿起草既要“上接天线”，也要“下接地气”。要及时关注基层对上级部署的落实情况、基层的创新做法、基层存在的问题、基层员工的思想动态，等等。这些都是文稿起草工作的重要素材来源。一方面要加强和基层的沟通联系，及时收集基层单位的动态信息、汇报材料等。另一方面，要主动深入基层一线调研，与基层干部员工访谈，掌握一手素材，更加真实地摸清基层情况，从而使得文稿更有针对性，更能产生应有效果，也更能引起基层同志的“共鸣”。

阅读是收集素材的最佳途径。要注意阅读重要讲话、权威报刊、专题研究、调查报告等综合性强的文章。这些文章都具有很强的思想性、指导性，信息全面、内容广泛、分析深刻，经常阅读不仅可以掌握当今社会最新动态，还可以不断提升自己的理论水平和思维能力。

重要会议的讲话稿是综合性文稿写作的范例，这些文稿分析形势、部署任务，把握大局、明确方向，既讲理论谈认识、又提要求讲措施，思想深刻、内涵丰富，往往具有较强的针对性、指导性和参考性，是综合性文稿写作的生动教材。

媒体文章一般以《人民日报》、新华社、《求是》等国内权威媒体的评论文章为佳，这些评论对于当前政治经济社会热点问题基本都会有所涉及，而且会对党和国家主要领导人的重要讲话、重要指示批示、党和国家的重要政策文件作详细和深入的分析评论，是综合性文稿写作重要的参考材料。

专题研究和调查报告，其主题包罗万象，内容包含情况叙述、问题分析、对策建议等，有对当前政治经济社会热点的深刻解读，有对行业变革前沿的深度分析，有对进一步落实某项政策文件的措施建议，具有较强的现实针对性，多阅读这些报告能在一定程度上达到“秀才不出屋能知天下事”的效果，是我们拓展知识面、了解热点问题的有力辅助。

（二）研究方法的体系化

广义的“研究方法”一般包含三个层面：第一，方法论，即指导研究的思想体系。辩证唯物主义和历史唯物主义揭示了事物的本质、内在联系及发展规律，是人们观察世界、分析问题的有力思想武器。第二，研究方法或方式，即采用的程序、流程和操作方式等。第三，具体的研究工具。本节主要介绍研究方法，具体的研究工具将在下一节介绍。

研究方法（research method）可以分为定量研究、定性研究和混合研究。和综合性文稿写作关系紧密的是政策研究，常用的政策研究方法见图 5—1。在实际中，应根据问题导向、目标导向和结果导向，选用合适的方法。在应用过程中，往往是以其中一种研究方法为主，其他研究方法为辅，交叉使用。

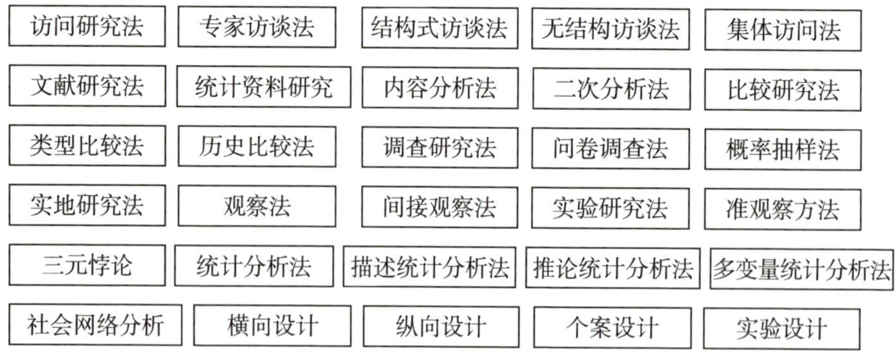

图 5—1　综合性文稿起草主要政策研究方法

下面以结构式访谈法和无结构访谈法的对比，来简要说明研究方法的选用。

表 5—1 结构式访谈法和无结构访谈法的对比

	结构式访谈法	无结构访谈法
定义	高度标准化的访谈	半控制或无控制的访谈
前期准备	前期详细设计，准备预定问卷、表格和问题等	只提供主题给被访谈者，无需预先设计问卷、表格和问题
过程控制	对所有被访谈者所提的问题、提问的次序和方式是完全统一的	访谈者与被访谈者就主题自由交谈，大部分访谈问题是在访问过程中根据话题进展边谈边提出
优点	1. 经济、方便、客观 2. 访谈结果便于比较分析	1. 双方交流互动，气氛活跃 2. 访谈者对过程控制有充分的主动权，弹性大
缺点	1. 气氛较为沉闷 2. 难以多层次深入地探讨问题	1. 耗时比较长 2. 对访谈者要求高
适用场景	标准化的、便于统计分析的访谈	深层次的、综合性的访谈

（三）研究工具的体系化

研究工具（research tool）是研究人员用来对素材资料进行研究和分析的技术和手段。实际研究过程中，应根据研究目的和方法，以及素材的特点，选用适合的研究工具。对于综合性文稿写作，常用的研究工具可分为战略类工具和综合类工具两种，见图 5—2。

战略类：

PEST 分析　SWOT 分析　价值链分析

波特五力模型　组织结构模型　平衡计分卡

综合类：

分层抽样　丁伯根法则　制度逻辑　5W2H　Pareto 分析

排列图　柱状图　因果图　树状图　甘特图

图 5—2 综合性文稿起草主要研究工具

PEST 分析和 SWOT 分析是综合性文稿写作最常用的两大工具，下面展开介绍。

PEST 分析是指宏观环境的分析，P 是政治 (Politics)，E 是经济 (Economy)，S 是社会 (Society)，T 是技术 (Technology)。

PEST 分析的定义见图 5—3。

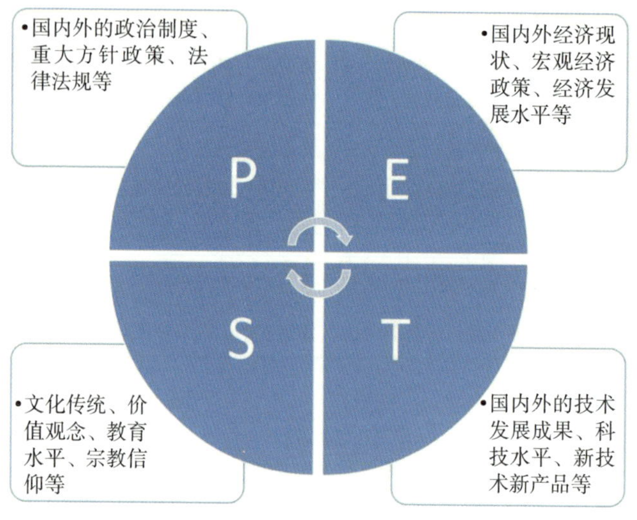

图 5—3　PEST 分析的定义

PEST 分析可以从宏观角度全面地分析外部环境，对形势作出科学客观的研判，为制定战略决策提供有力依据。下面这个例子可以简要说明 PEST 分析在文稿写作中的应用。

我国经济社会发展的形势分析

当今世界正经历百年未有之大变局。今年以来，新冠肺炎疫情全球大流行使这个大变局加速变化，保护主义、单边主义上升，世界经济低迷，全球产业链供应链面临冲击，国际政治、经济、社会、科技等格局都在发生深刻调整。从政治环境上看，国外一些国家对当前国际贸易规则不满，希望能够通过规则的改变为本国发展争取更多利益，逆全球化趋势加剧，贸易保护主义思想抬头。从经济环境上看，世界经济衰退迹象明显，国际经贸摩擦不断出现，新冠肺炎疫情导致国与国之间出现壁垒，原本完整的产业链和供应链变得碎片化。从社会环境上看，新冠肺炎疫情加大国外社会舆论对国计民生基础行业、供应链产业链安全问题的关注，某些国家出现了民粹主义抬头。从技术环境上看，第四次工业革命正在全球范围内加速发展，移动互联、人工智能、大数据等新技术深刻地影响着社会经济的各个方面……

SWOT 分析中四个英文字母分别代表：优势（Strengths）、劣势（Weaknesses）、机会（Opportunities）和威胁（Threats）。SWOT 分析法也称道斯矩阵，即把和研究对象密切相关的内部的优势和劣势、外部的机会和威胁等，通过调查列举出来，并依照矩阵形式排列。SWOT 分析法有四种不同类型的组合：优势——机会（S/O）组合、劣势——机会（W/O）组合、优势——威胁（S/T）组合以及劣势——威胁（W/T）组合，从中得出一系列相应的结论，而结论通常带有一定的决策性。

表 5—2　SWOT 分析矩阵的内涵

内部 外部	优势（S）	劣势（W）
机会（O）	S/O（利用）	W/O（改进）
威胁（T）	S/T（监视）	W/T（消除）

下面以某能源企业在新形势下的 SWOT 分析矩阵为例，简要说明该方法的应用。

表 5—3 SWOT 分析应用实例

	优势（S）	劣势（W）
SWOT 矩阵	1. 拥有靠前的规模体量和庞大的客户资源 2. 拥有世界领先的综合能源系统运营能力 3. 拥有较强的可再生能源消纳能力 4. 拥有较好的科技创新基础 5. 拥有较强的资信评级与深入人心的品牌形象 6. 拥有优秀的员工队伍，在传统业务方面整体职业素养较高 7. 拥有显著的地缘与区位优势，国际拓展空间较大	1. 传统业务盈利能力下降，新兴业务发展不平衡 2. 治理体系与治理能力现代化有待推进，发展质量与效率有待提升 3. 创新驱动能力不足，前瞻性关键核心等“卡脖子”技术缺失 4. 数字化转型仍处于初级阶段，尚不能为转型发展充分赋能 5. 国际化经营水平不高，国际竞争力不强 6. 现有人才、机制对公司新兴业务、国际业务、金融业务支撑不足 7. 思想观念保守、市场意识不强
	机遇（O）	威胁（T）
	1. 扩大内需战略下“两新一重”提速推进，为企业带来新的发展动能 2. 科技创新进入加速突破新阶段，“卡脖子”问题倒逼企业核心技术、装备加快实现国产化、自主化 3. 新一代数字技术推动现代产业体系转型升级，加快企业数字化转型 4. 服务业向高品质、多样化升级，推动企业加速构建现代服务体系 5. 企业改革加快推进，助推以更有效率的发展向世界一流企业迈进 6. 对外开放水平进一步扩大，与周边国家的合作空间将更为广阔 7. 碳达峰、碳中和目标推动能源结构转型	1. 单边主义、保护主义盛行，全球化遇到逆流，国际项目和供应链安全风险加大 2. 网络安全、金融安全等各类风险加大 3. 绿色低碳转型提速推进，新能源大规模接入后带来新的问题和挑战
	S/O	W/O
	1. 全面推进数字化转型 2. 加快完成设备改造升级 3. 助力“新基建”投资建设 4. 融入和服务国家区域发展战略 5. 提升产业链现代化水平	9. 推动数字赋能公司发展 10. 攻坚战略关键核心技术 11. 积极开展综合能源服务 12. 推动管理体系改革 13. 科学布局新兴业务 14. 积极推进国际业务拓展

（续表）

SWOT 矩阵	S/O	W/O
	6. 构建现代营销服务体系 7. 探索新型商业模式和新业态 8. 加快布局绿色低碳产业	15. 形成互利共赢的国际发展合作机制
	S/T	W/T
	16. 提高供应链管理水平 17. 强化风险防控机制 18. 提高安全运行水平 19. 提升网络安全防控能力 20. 提升应急管理能力 21. 提升大规模清洁能源消纳技术水平	22. 积极稳妥推进金融业务 23. 健全与国际化业务相适应的经营管理体制 24. 完善支持清洁能源大规模发展的体制机制

三、体系化方法的应用

做好素材管理、研究分析后，最终要输出成为一篇有观点、有框架、有内容的完整文稿。论述成稿的过程，也是有套路可摸、有规律可循的，本身也有其固有的体系。一般而言，可以分为以下几个方面。

（一）多角度分析

多角度分析指的是对文稿的内容，按照较为严谨的逻辑框架和层次角度，分别进行分析阐述。多角度分析有几个好处，一是使文章的阐述分析更加全面，让读者读起来更为信服。一叶障目，不见泰山。多角度分析有助于打破文章论述的片面性，避免限于局部和片面的思维框架下。二是使文章的分析内容更有条理。多角度分析不是随意的分析，而是要遵循较为严谨的逻辑框架，各个角度之间的内容不能有穿插、打架的情况。三是体现出一定的思考深度。多角度分析实质上也是思考的过程，有助于厘清思路。同时，往往随着多个角度分析的开展，见解、观点也会更加深入，体现出文章的深度。

多角度分析往往出现在文稿的形势分析部分。无论是哪一个层面的形势，往往都是错综复杂的，需要处理分析大量的材料数据。多角度分析法能让形势分析的结果看起来有条理、有逻辑、有深度。在进行多角度分析的同时，对于形势的分析也就自然而然廓清迷雾、拨云见日了。

以下是运用多角度分析的比较常规和典型的例子。该案例选取了南方电网公司主要领导的一个内部讲话。该讲话在对公司的内外部形势进行分析的时候，分别选取了国际、国内、行业、公司四个角度，从宏观逐渐到微观，具有严谨的逻辑框架，层次分明。每个角度的分析提纲挈领，把该角度对公司影响最重要的内容和观点简明扼要地概括出来，避免泛泛而谈。

南方电网公司孟振平董事长在公司第三届职工代表大会第三次会议暨2020年工作会议上的讲话（节选）

2020年是全面建成小康社会和“十三五”规划收官之年，是实现第一个百年奋斗目标，为“十四五”发展和实现第二个百年奋斗目标打好基础之年。我们要把思想和行动统一到党中央对形势的分析判断上来，客观、全面、辩证、积极地认识形势，明晰公司面临的挑战和机遇。

从国际看，世界经济增长持续放缓，仍处在国际金融危机后的深度调整期，国际上普遍对今年经济走势表示担忧，认为可能呈现低增长、低通胀、低利率、高债务、高风险的“三低两高”特征。从国内看，我国正处在转变发展方式、优化经济结构、转换增长动力的攻关期，结构性、体制性、周期性问题相互交织，“三期叠加”影响持续深化，经济下行压力加大，企业经营困难增大。从电力行业看，处于各种矛盾碰头交织、相互影响的重要时期，电力体制改革持续深化、提速，新业态、新模式不断涌现，传统盈利空间不断被挤压，行业可持续发展面临新挑战。从公司看，与新形势新要求不相适应的体制性、机制性矛盾和结构性障碍依然存在，东西部发展、电网结构、城乡发展、规模与质量效益等不平衡问题，本质安全型企业建设、数字化转型、用户服务、创新驱动、人力资本发挥、全要素生产率提高等发展不充分问题依然存在，基层基础还需要进一步夯实。

当然，多角度分析核心在于不同角度的分析阐述，自然也就可以不拘泥于条条框框的写作套路。特别是在写形势分析的时候，如果从字眼上一味按照宏观、中观、微观，或是外部、内部等进行分析，很容易就落入俗套，使得形势的分析缺乏新意。其实只需要把握好角度和观点，并不需要太拘泥于写作的套路，“手中无剑，心中有剑”，反而才是多角度分析的用意所在。再用南方电网公司的一个讲话作为例子，我们可以看到多角度分析的运用其实也可以很灵活。

在这个例子中，对于形势分析并没有采取常见的比较全面的分析维度，而是围绕中央经济工作会议的主要内容展开，将形势分析融入到了中央经济工作会议作出的分析研判和工作部署当中。从时间看，当时的中央经济工作会议的召开是在 2018 年 12 月下旬，而该公司的工作会议是在 2019 年 1 月召开，不失时效性。从内容看，这次中央经济工作会议主要是总结 2018 年工作，分析当前经济形势，部署 2019 年经济工作。这就相当于已经给当时的国内外形势分析给出了定论，这个时候如果在企业的工作会上重复已无新意，而紧扣中央作出的重要判断、结合企业实际进行分析和解读，反而是一个更好的切入点。同时，由于南方电网公司是中央企业，落实中央经济工作会议的决策部署，既是职责使命所在，也是企业面临的形势要求，这就使得通过解读中央经济工作会议研判部署作为公司形势分析，变得顺理成章、有根有据。

从角度看，讲话选取了五个“准确把握”分别展开分析，即准确把握新形势下经济工作的规律性、准确把握我国发展处于重要战略机遇期的深刻内涵、准确把握高质量发展的根本要求、准确把握打赢三大攻坚战的紧迫性、准确把握创新驱动发展的世界潮流，五个角度观点清晰、层次分明，既紧跟中央形势要点，也明确了企业的工作重心，体现了文章的高度和深度。

南方电网公司孟振平董事长在公司第三届职工代表大会第二次会议暨2019年工作会议上的讲话（节选）

当今世界正面临百年未有之大变局，国内外形势发生深刻复杂的变化。总体上看，经济运行稳中有变、变中有忧，外部环境复杂严峻，经济面临下行压力。这些问题是前进中的问题，既有短期的也有长期的，既有周期性的也有结构性的。“舟循川则游速，人顺路则不迷。”习近平总书记在去年12月召开的中央经济工作会议上作了重要讲话，再一次全面、系统、深刻阐述了经济形势怎么看、经济工作怎么干的问题，为我们做好工作提供了根本遵循。

准确把握新形势下经济工作的规律性，深化认识廓清迷雾。我国之所以能保持经济社会持续健康发展和社会大局稳定，最根本的原因就在于以习近平同志为核心的党中央坚强领导，在于我们在实践中深化了对做好新形势下经济工作的规律性认识……

准确把握我国发展处于重要战略机遇期的深刻内涵，抓住机遇乘势而为。我国发展仍处于并将长期处于重要战略机遇期，包括加快经济结构优化升级带来新机遇、提升科技创新能力带来新机遇、深化改革开放带来新机遇、加快绿色发展带来新机遇、参与全球经济治理体系变革带来新机遇……

准确把握高质量发展的根本要求，解决不平衡不充分问题。高质量发展是国民经济系统从量到质的根本性演进，党中央要求继续深化供给侧结构性改革，在“巩固、增强、提升、畅通”上狠下功夫，将更多资源用到高质量发展上来。对我们南网来说……

准确把握打赢三大攻坚战的紧迫性，坚决打好重点战役。党中央指出，三大攻坚战初战告捷，今年要针对突出问题，打好重点战役。在防范化解金融风险方面要坚持结构性去杠杆的基本思路，防范金融市场异常波动；打好脱贫攻坚战，要一鼓作气，重点解决好实现“两不愁三保障”面临的突出问题，加大“三区三州”等深度贫困地区和特殊贫困群体脱贫攻坚力度；打好污染防治攻坚战要坚守阵地、巩固成果，聚焦做好打赢蓝天保卫战等工作。我们要……

准确把握创新驱动发展的世界潮流，坚定不移推进转型升级。迈进全球经济新旧动能转换的关键时期，在能源革命、行业变革浪潮中，数字化、互联化、集成化、虚拟化以及循环共享经济，已经让物理意义上的世界扁平化，竞争优势越来越不单纯依靠压低成本，而是靠功能性和创新力，规模经济将被减弱曾经的相对优势，掌握人工智能和大数据以及通过智能系统的引导来运行大型平台的能力，将决定企业的力量。我们南网具有网络和客户资源优势……

失去了机即是危，克服了危即是机。我们既要预估外部形势的严峻性，善于在复杂的变化中捕捉机遇；更要求诸自身、革故鼎新，在激烈的竞争中化危为机，加快推动公司转型升级，实现高质量发展。

（二）具象化表达

具象化表达指的是抽象概念具体化，这也是文稿体系化写作的一个技巧。具象化表达和对概念的解释有所区别，概念解释可能一两句话就解释清楚了，但具象化表达讲求的是对抽象概念的深入表述，会更深入去阐述概念所包含的内涵和要素。比方说，我们在文章中提出了一个概念，这个概念可能是抽象或深奥的，也可能是浅显易懂但不同的人会有不同解读的。那么就需要对这个概念去作进一步的阐述，让人更加清晰地了解这个概念是什么意思，包含哪些要素，每一个要素下面又包含哪些内容，应该如何做才能达到满足这些要素的要求。这个过程，就是具象化表达的过程，也是将写作体系化的一个过程。类似于一个金字塔，最顶端的是抽象概念，下面一层层递增的就是支撑金字塔尖部的要素和内容。

具象化表达的好处在于：一方面，有利于把概念阐述透彻。将概念所包含的各个要素或是重要要素都列举出来，解释清楚，可以有效避免受众认知和理解上的偏差。另一方面，具象化表达的过程，从结构上来说，有点类似于总分的结构，体现出文稿的层次性，有助于文稿的写作逻辑清晰、形成体系。

下面这篇文章可能让大家更容易理解具象化表达的意思和应用方式。这是广东省委书记李希同志在《人民日报》上发表的一篇署名文章。文章在标题和总起段都提出了一个新的概念：新发展格局战略支点。新发展格局的含义是党中央明确的，即构建以国内大循环为主体、国内国际双循环相互促进的新发展格局。但新发展格局战略支点这一概念却是抽象的，初次看到会不由自主地打上个小问号。那么，如何理解这一新概念呢？文中用“五个地”作出了具象化的阐述，即打造规则衔接示范地、打造内外循环链接地、打造科技产业创新策源地、打造高端要素集聚地、打造安全发展支撑地，并分别提出了具体举措。这就使得“新发展格局战略支点”这一抽象概念具体化、立体化了。在这一具象化表达的过程中，文章也就自然而然地形成了体系，也体现了思考的深度。

李希：打造新发展格局战略支点

习近平总书记赋予广东在全面建设社会主义现代化国家新征程中走在全国前列、创造新的辉煌的使命任务，要求广东在构建新发展格局这个主战场中选准自己的定位。我们着眼大局、立足实际，提出打造新发展格局战略支点的努力方向。

打造规则衔接示范地，塑造参与国际合作和竞争新优势。举全省之力落实建设粤港澳大湾区国家战略，强力推进深圳先行示范区建设和综合改革试点，抓住与港澳规则衔接、机制对接这个重点，深入实施“湾区通”工程，稳步拓展制度型开放，在对接国际高标准经贸规则上积极探索、走在前列。

打造内外循环链接地，增强畅通国内大循环和联通国内国际双循环的功能。清醒认识广东的优势在国际循环、潜力在国内循环，坚持内外双向发力，深化对内经济联系，构建联通内外的贸易、投资、生产、服务网络。强化广州、深圳“双城”联动，辐射带动“一核一带一区”高质量发展，全面推进乡村振兴，持续提高人民生活品质，扎实推动共同富裕，更好服务国家厚植超大规模市场优势。

打造科技产业创新策源地，助力国家科技自立自强。探索关键核心技术攻关新型举国体制的“广东路径”，强力推进综合性国家科学中心建设，不断增强战略科技力量。实施制造业高质量发展“六大工程”，培育10个战略性支柱产业集群和10个战略性新兴产业集群，增强产业链供应链自主可控能力。

打造高端要素集聚地，不断强化全球资源配置能力。打造市场化法治化国际化营商环境，实施建设高标准市场体系行动，抓好深圳创业板改革并试点注册制、设立广州期货交易所等重点项目，形成吸引高端要素资源的强大引力场。坚持人才是第一资源，不断创新体制机制，让各类人才在广东这片沃土上雨后春笋般竞相成长。

打造安全发展支撑地，守好国家安全“南大门”。坚持以大概率思维应对小概率事件，坚决驯服“灰犀牛”，全面防范“黑天鹅”，加快把广东打造成为全国最安全稳定、最公平公正、法治环境最好的地区之一，以安定和谐的社会大局迎接建党100周年。

（三）多维度阐述

多维度阐述指的是针对一个观点或话题，分别从不同的维度进行阐述说明，或是阐述清楚道理，或是提出见解要求。从字面上看，多维度阐述和多角度分析似乎有些类似，但区别也比较明显。区别之一在于是否针对特定观点。多维度阐述针对的是一个观点或核心观点，从不同的维度和方面进行阐述。而多角度分析针对的是繁多杂乱的各类资料，分析阐述的目的正是要形成具体的观点。第二个区别在于具体用处不同，多维度阐述可以用在文稿的任何部分，甚至作为文稿的主体。而多角度分析主要是用于文稿的分析部分。

多维度阐述是文稿起草体系的重要环节，也是我们平常最常见的文稿阐述方式。文稿之所以为文稿，必然是有观点、有内容、有论述的。如果一句话可以说明问题，那自然就不需要写成一篇文章。多维度阐述正是文稿构成的关键，它围绕文稿的整体观点，或是某个核心观点，通过不同的维度进行阐述说理论证，从而丰满地表达文稿的思想。不同的维度同样要遵循基本的原则，不能相互穿插或是相互矛盾。简而言之，就是不同维度间的内容要区分开来，体现文稿思考的维度和层次。

多维度阐述可以体现在文稿的整体框架中。以下这篇社论就是一个范例。全文针对“提升创新能力 实现科技自立自强”这一核心观点，分别从三个维度进行说理阐述，提出实现科技自立自强“首要的是明晰主攻方向、关键在深化科技体制改革、重点是抓好科技创新主体”，这三个维度也可以理解为统筹于核心观点下的分观点，三个维度的阐述主要也是服务于核心观点。

提升创新能力　实现科技自立自强
——论学习贯彻党的十九届五中全会精神

我国“十四五”时期以及更长时期的发展，对提升创新能力、实现科技自立自强提出了更为迫切的要求。国际上，保护主义、单边主义上升，经济、科技、文化、安全、政治等格局发生深刻调整，各国都千方百计筑强已有的科技优势，而真正的核心技术是买不来的，也是换不来的，在引进高新技术上我们不能抱任何幻想。我国已转向高质量发展阶段，但发展不平衡不充分问题仍然突出，无论是建设现代化经济体系、实现内涵型增长，还是加快构建新发展格局、提高供给体系质量和水平，都需要强大的科技支撑。在此背景下，我们必须奋力实现科技自立自强，走出一条适合国情的创新路子，特别是要把提升原始创新能力摆在更加突出的位置，努力实现更多“从0到1”的突破，把更多核心技术掌握在自己手中。唯此，才能真正掌握竞争和发展的主动权，走好全面建设社会主义现代化国家的新征程。

实现科技自立自强，首要的是明晰主攻方向。要面向世界科技前沿、面向经济主战场、面向国家重大需求、面向人民生命健康，找准我国科技发展现状和应走的路径，把发展需要和现实能力、长远目标和近期工作统筹起来考虑，强化国家战略科技力量，持之以恒加强基础研究，尽快突破关键核心技术，将现存的“卡脖子”环节逐个攻克。

实现科技自立自强，关键在深化科技体制改革。要改善科技创新生态，进一步转变政府职能，为创新创造者营造良好环境、提供基础条件、搞好相关服务；要创新科技成果转化机制，努力解决基础研究“最先一公里”和成果转化、市场应用“最后一公里”有机衔接问题，打通产学研创新链、价值链；要狠抓创新体系建设，整合优化科技资源配置，发挥我国社会主义制度能够集中力量办大事的优势，同时也要用好国际国内两种资源。

实现科技自立自强，重点是抓好科技创新主体。既要有效提升企业技术创新能力、推动创新要素向企业集聚、促进产学研深度融合，又需加强创新人才教育培养、尊重人才成长规律和科研活动自身规律，力争培养一批具有国际水平的战略科技人才、科技领军人才和创新团队。

历史和现实一再证明，没有科技的自立自强就没有出路。

我们要深刻认识实现科技自立自强的长期性、艰巨性，提前谋划，保持定力，加快建设科技强国，深入实施科教兴国战略、人才强国战略、创新驱动发展战略，确保已经推出的一系列政策真正落实到位，让科技创新成果源源不断涌现出来，为全面建设社会主义现代化国家提供科技创新的动力引擎。

——《经济日报》2020年11月2日

除此之外，多维度阐述还可以体现在文稿的某一部分内容中。下面这篇文章中，第一部分“坚持和完善社会主义基本经济制度的重大意义”，就细分了三个维度进行了具体阐述，这也是多维度阐述的一种应用。

刘鹤在《人民日报》发表署名文章：坚持和完善社会主义基本经济制度（节选）

一、坚持和完善社会主义基本经济制度的重大意义

社会主义基本经济制度在经济制度体系中具有基础性决定性地位，对其他领域制度建设及国家治理效能有重要影响。中国特色社会主义进入新时代，如何将社会主义基本经济制度坚持好、巩固好，完善好、发展好，使其更加成熟更加定型，具有重大理论和实践意义。

第一，社会主义基本经济制度是改革开放理论和实践创新的重要成果。社会主义基本经济制度是实践的产物，在革命、建设、改革的实践中形成和确立。新中国成立后，我国确立了社会主义基本制度及与之适应的经济等方面体制，为当代中国发展进步奠定了根本政治前提和制度基础。改革开放40多年来，我们党深刻总结国内外正反两方面经验，从我国社会主义

初级阶段的基本国情出发，解放思想，实事求是，以巨大的政治勇气主动调整生产关系，以适应生产力发展需要，推动我国经济体制发生了深刻而重大变化……

第二，社会主义基本经济制度是新时代经济改革发展的根本遵循。社会主义基本经济制度需要随着实践发展不断完善。党的十八大以来，以习近平同志为核心的党中央坚持和完善社会主义基本经济制度，在巩固和发展公有制经济、发展混合所有制经济、支持民营经济健康发展、健全按劳分配和按要素分配机制、深化供给侧结构性改革、发挥市场在资源配置中的决定性作用等方面，取得了一系列新的重要理论和实践成果，把社会主义制度和市场经济更好结合起来，形成了习近平新时代中国特色社会主义经济思想……

第三，社会主义基本经济制度对国家治理体系和治理能力现代化具有系统性重要影响。当今世界正经历百年未有之大变局，我们要不断满足人民对美好生活新期待，战胜前进道路上的各种风险挑战，必须在坚持和完善中国特色社会主义制度、推进国家治理体系和治理能力现代化上下更大功夫。中国特色社会主义制度是党的领导和经济、政治、文化、社会、生态文明等各方面制度的总和，是一整套紧密联系、内在协调、相互支撑的制度体系……

（四）系统化论述

系统化论述指的是从系统的角度去考虑文稿的谋篇布局并展开具体论述，体现的是系统的观点。比如，一个文稿从内容顺序上划分，先谈意义、再提要求，再讲工作机制，那么这就是比较典型的一个系统化论述的论述方法。它是把文稿的内容当成一个有机整体或系统，在这个系统里，文稿的每一部分内容都是相互联系、有序承接、有效支撑的。系统化论述的好处是显而易见的：一是体现出文稿的整体性。从系统和整体层面谋篇布局，各部分内容既相互独立，又环环相扣。二是体现文稿的逻辑脉络。文稿各部分内容相互衔接，条理清晰，能让读者感到一气呵成。三是有助于把事情或观点所涉及的方方面面说透彻。系统化论述有几个部分是比较常见的，比如工作意义、工作重点、工作机制、工作要求，这些内容明确地告诉了人们“为什么干”“干什么”“怎么干”，让人们对文稿的主旨、要点一目了然，从而完整地传达出文稿所要达到的目的。

以下这篇文章就是比较常见的系统化论述的范例。全文围绕“激励广大干部新时代新担当新作为”这一主题，先谈重要意义，指出激励干部担当作为是贯彻落实习近平新时代中国特色社会主义思想和党的十九大精神的重要举措，是推动党和国家事业发展的迫切需要，是切实解决干部队伍突出问题的内在要求；再谈工作重点，即树立干事创业的鲜明导向，做到大胆地用、坚决地调、该容的容；最后谈组织领导，分别指出党委（党组）及其主要负责同志、各级组织部门应该怎么做。三个部分有机统一、层次分明、逻辑清晰，符合人们的认知和思考脉络，从而系统完整地传达了文章的主旨和要点。

陈希：新时代要有新担当新作为（节选）

为充分调动和激发干部队伍的积极性、主动性、创造性，教育引导广大干部为决胜全面建成小康社会、夺取新时代中国特色社会主义伟大胜利、实现中华民族伟大复兴的中国梦不懈奋斗，近日，中共中央办公厅印发了《关于进一步激励广大干部新时代新担当新作为的意见》（以下简称《意见》），对建立激励机制和容错纠错机制，进一步激励广大干部新时代新担当新作为提出明确要求。

一、充分认识做好激励干部担当作为的重要意义

制定出台《意见》，是贯彻落实习近平新时代中国特色社会主义思想和党的十九大精神，建设高素质专业化干部队伍的重要举措。习近平总书记对这项工作高度重视，专门对激励干部新担当新作为作出重要指示，充分肯定干部队伍主体是好的；强调进行伟大斗争、建设伟大工程、推进伟大事业、实现伟大梦想，要靠干部担当作为；要以正确选人用人导向激励干部，特别是大力选拔敢于负责、勇于担当、善于作为、实绩突出的干部；完善科学考核评价机制，切实解决干与不干、干多干少、干好干坏一个样的问题；建立健全容错纠错机制，旗帜鲜明地为敢于担当的干部撑腰鼓劲，把关心关爱干部的各项措施落到实处。

习近平总书记的重要指示，高屋建瓴、思想深邃，指向明确、内涵丰富，是激励干部担当作为工作的根本遵循，对新时代整个干部队伍建设都具有重要指导意义。要全面准确学习领会，深刻把握精神实质，统一思想认识，切实抓好贯彻落实，以强烈的使命感、紧迫感、责任感，推动这项工作迈上新台阶、取得新成效。

激励干部新担当新作为，是推动党和国家事业发展的迫切需要。回顾党的历史，任何时候的工作都离不开广大干部群众积极性、主动性、创造性的调动和发挥。党的十八大以来，党和国家事业之所以取得历史性成就、发生历史性变革，与广大干部改革创新、干事创业、担当奉献是密不可分的……

激励干部新担当新作为，是切实解决干部队伍突出问题的内在要求。党的十八大以来，以习近平同志为核心的党中央深

入推进全面从严治党，推出一系列重大举措，加大从严管理监督干部力度，推动政治生态持续改善、党风政风明显好转，不守纪律规矩的现象大大减少……

二、树立干事创业的鲜明导向

《意见》主要有三个特点：一是宣示性。坚持正向激励主基调，立足事业需要，回应群众呼声，顺应干部期待，体现倡导性、引领力，释放出促进干部积极作为、奋进奋发的强烈信号。二是指导性。坚持目标导向和问题导向相结合，着眼解决干部选拔任用、考核评价、容错纠错等方面的重点难点问题，提出原则性要求，为各级党组织结合实际抓好落实提供遵循。三是统筹性。坚持系统谋划、综合施策，不是单从干部工作某个方面作出规定，而是统筹考虑影响干部积极性的因素，着力将干部选育管用的各个环节衔接起来，将政治教育、思想引导、待遇保障、人文关怀等贯通起来，作出整体性部署、制度化安排。

大胆地用，让敢担当善作为的干部有舞台、受褒奖。习近平总书记强调，“要让大家没有后顾之忧，知道是金子总会发光的，党组织绝不会埋没人才，绝不会不识别那些对党和人民作出贡献的人”。选好人、用对人，是最有效、最直接的激励。把担当者用起来，敢于担当就会蔚然成风。要鲜明选人用人标尺……

坚决地调，让不作为慢作为的干部让位子、受警醒。《意见》进一步提出明确要求，对不担当、不作为的干部，根据具体情节该免职的免职、该调整的调整、该降职的降职，推动能上能下成为常态。要明确调整的重点……

该容的容，让广大干部轻装上阵、撸起袖子加油干。习近平总书记指出，干事业总是有风险的，不能期望每一项工作只成功不失败。《意见》对建立健全容错纠错机制专门提出要求，这是党中央首次从制度层面作出规定。要准确把握政策界限。深刻领会习近平总书记关于“三个区分开来”的重要内涵……

三、加强对激励干部担当作为工作的组织领导

要坚持党的领导，充分发挥党委（党组）领导作用，把学习贯彻习近平总书记重要指示，落实《意见》的规定，纳入领导班子和干部队伍建设整体布局，加强统筹谋划和组织实施。党委（党组）主要负责同志作为“关键中的关键”，要带头学习贯彻习近平总书记重要指示，带头落实《意见》规定……

各级组织部门要承担起牵头协调和工作督促的职能，加强与纪检监察机关、宣传等部门的衔接配合，加强各层级的上下联动，形成工作合力。要加强面上指导，精准把握和落实《意见》提出的各项政策规定……

——《求是》2018 年第 14 期

除了刚才所讲的典型框架，还有一些其他的系统化论述框架。如下文国务院国资委郝鹏书记的署名文章，围绕贯彻落实党的十九届五中全会精神，坚定不移做强做优做大国有资本和国有企业这一核心主题，分别从“十四五”时期国资央企工作的总体要求和主要目标、牢牢把握新部署新使命新要求、为“十四五”开好局作出国资央企应有贡献三个部分进行论述。这也是系统化论述应用的一种，这里面的逻辑是：党的十九届五中全会的重点是明确“十四五”时期我国经济社会的指导方针、主要目标、重点任务、重大举措等。因此，站在国资央企落实的角度，第一部分先谈“十四五”时期国资央企工作的总体要求和主要目标，这既是对十九届五中全会精神主题的承接落实，也是作为国企央企工作的统领；第二部分再谈十九届五中全会对国资央企提出的新部署新使命新要求，实质上是对这些新部署新使命新要求的解读，指出其中的

意义所在、责任所在；第三部分是谈2021年国资央企应该重点抓好哪些工作，为“十四五”开好局作出国资央企应有贡献。总体而言，文章紧紧围绕做强做优做大国有资本和国有企业这一主题，从中长期任务到年内的任务、从总体要求到具体工作，对国资央企贯彻落实党的十九届五中全会精神作了深入论述，充分体现了系统化论述的特征和要求。

郝鹏：坚定不移做强做优做大国有资本和国有企业乘势而上开启“十四五”奋斗新征程（节选）

党的十九届五中全会明确提出了“十四五”时期我国经济社会发展的指导方针、主要目标、重点任务和重大举措，同时也对国资国企工作作出了重大部署。国有企业是中国特色社会主义的重要物质基础和政治基础，是党执政兴国的重要支柱和依靠力量。国资委和中央企业要深入贯彻落实五中全会精神，立足新发展阶段、贯彻新发展理念、构建新发展格局，切实当好畅通国内大循环、促进国内国际双循环的主力军，更好服务党和国家事业发展大局。

“十四五”时期国资央企工作的总体要求和主要目标

贯彻落实好五中全会精神，我们必须深刻领会习近平总书记和党中央对国有企业的战略部署，把国资央企工作放在进入新发展阶段、构建新发展格局的战略抉择中去谋划和推动，放在全面建设社会主义现代化国家新征程中去谋划和推动。

“十四五”时期做好国资央企工作的总体要求是：高举中国特色社会主义伟大旗帜，以习近平新时代中国特色社会主义思想为指导，全面贯彻党的十九大和十九届二中、三中、四中、五中全会精神，深入贯彻习近平总书记关于国资国企改革发展和党的建设的重要论述精神……

“十四五”时期做好国资央企工作的主要目标是：综合考虑发展机遇、优势和条件，推动国资央企工作全面进步，取得新的明显成效。一是高质量发展迈上新台阶。坚持质量第一、效益优先，在质量效益明显提升的基础上，实现规模实力持续增长、国有资产保值增值，经济效益增速与国民经济增长相匹配，营业收入利润率、净资产收益率、全员劳动生产率等投入产出指标明显提高，供给质量和水平更好满足人民日益增长的美好生活需要。二是科技自立自强展现新作为。央企攻坚工程取得重要成果，在关键行业和重要领域攻克一批“卡脖子”技术，研发投入强度、高新技术企业数、发明专利拥有量等显著提高，建成一批国家级科技创新平台，牵头承担或参与的国家重大科技项目取得重大创新突破，对国家战略和现代化经济体系建设的科技支撑能力大幅提升。三是……

牢牢把握新部署新使命新要求

牢牢把握做强做优做大国有资本和国有企业这一新部署。党的十八届五中全会强调“坚定不移把国有企业做强做优做大”，党的十九大和十九届四中全会强调“做强做优做大国有资本”，在此基础上，党的十九届五中全会完整提出做强做优做大国有资本和国有企业，这是习近平总书记和党中央统筹“两个大局”，从巩固中国特色社会主义的重要物质基础和政治基础的战略高度，对国资国企工作作出的重大部署……

牢牢把握发挥国有经济战略支撑作用这一新使命。这是我们党从国有企业在历次应对突发事件、重大危机特别是这次战疫的突出表现中得出的深刻启示，是习近平总书记和党中央赋予国有企业、国有经济新的光荣使命。做强做优做大国有资本和国有企业，目的就是更好发挥国有经济战略支撑作用，更好推动解决发展不平衡不充分问题……

牢牢把握加快建设世界一流企业这一新要求。在党的十九大提出培育具有全球竞争力的世界一流企业基础上，五中全会提出了新的要求，凸显了建设世界一流企业的紧迫性。做强做优做大国有资本和国有企业、发挥国有经济战略支撑作用，必须有一批能够体现国家实力和国际竞争力的世界一流企业作支撑……

为“十四五”开好局作出国资央企应有贡献

2021年是我国现代化建设进程中具有特殊重要性的一年。国资央企要突出高质量发展主题，紧紧围绕构建新发展格局谋划推动工作，更好落实“六稳”“六保”任务，为保持宏观经济运行在合理区间、实现“十四五”良好开局作出新贡献，以优异成绩迎接建党100周年。

一是发挥优势带动构建新发展格局，立足国内大循环，主动适应和创造市场需求，提升供给对需求的适配性；助力畅通国内国际双循环，高质量推进“一带一路”重大项目建设，坚定不移深化对外合作。二是深入实施创新驱动发展战略，着力抓好关键核心技术攻关，推动科技创新不断取得突破性、标志性重大成果；抓好人才和机制两个关键点，落实好“揭榜挂帅”等制度，充分激发科研人员创新活力。三是抓紧抓实国企改革三年行动，更加聚焦重点任务，更加注重激发活力，更加突出基层创新，确保在重要领域、关键环节取得实质性突破。四是着力打造提质增效“升级版”，向市场升级要效益、向管理升级要效益、向质量升级要效益，切实增强提质增效措施的精准性、有效性。五是加快国有资本布局优化和产业结构调整，把发展的着力点放在实体经济上，稳步推进战略性重组和专业化整合，加大新型基础设施投资力度，推动现代信息技术赋能传统产业。六是切实有效防范化解各类风险，坚决守住不发生重大风险的底线。七是增强监管效能，推进数字化智能化监管，推动国有资本投资、运营公司聚焦实体经济发展，强化监督成果运用，严防国有资产流失。八是主动服务和支撑国家重大战略，认真落实国家宏观调控政策，在履行社会责任中发挥带头示范作用。

——《旗帜》2021年第3期

第 6 章

文稿起草的团队化

一、团队化写作概念

二、团队化写作的必要性和重要性

三、把握文稿规律，打造高水平写作团队

创新是文稿的生命。只有不断创新，打破墨守成规的思维方式，才能使文稿更加鲜活生动，更好地发挥作用。做到这一点，必须打造高素质的文稿起草团队，做到出思路、出成果、出人才。下面将从团队化写作的定义、意义及运作要求等方面作系统阐释。

一、团队化写作概念

（一）团队化写作的定义

从字面意思看，所谓“团队”，含义是“具有某种性质的集体”。而“集体”是指“许多人合起来的有组织的整体，跟‘个人’相对”。“团队化写作”，简单地理解就是“为了达成某一写作目标而形成的至少由 2 人参加的有组织的整体”。因此，“团队化写作”一定程度上可以理解为“集体写作”。从现代管理学的观点看，团队是指心理上相互认同，行为上相互作用、相互影响，利益上相互依存，为了实现共同目标而结合在一起的人群结合体。与基于管理层级的行政管理的显著差异主要表现为：一是共同目标。目标管理是团队管理的内容之一，明确目标、参与决策、规定期限和反馈绩效是目标管理的要素。与基于管理层级的行政管理存在着目标制定的规定性和随意性与专断性和民主性的区别。二是共同价值观。以人为本的管理理论认为：群体中人与人的冲突与和谐，大多表现为不同价值观的冲突与和谐，或者说表现为不同文化理念的冲突与和谐。三是共同的行为准则。团队强调制度的目的性，即创造一个平等、宽松、愉悦、有利于创造力发挥的竞争环境。

从集体创作的历史范畴看，从综合性文稿（广义而言）角度研究“团队化（集体）写作”的成果较少，目前大部分研究都是来自于文学艺术创作领域。文学的集体创作最早可以追溯到上古时期，比如《诗经》“它们或集体创作，或经过后人加工修改”。包括《水浒传》等经典名著，也是由多人接续修改完善而成，也属于“集体创作”的一种，但这些被认为是无意识地“集体创作”。有组织地“集体创作”兴盛于无产阶级革命文学的需要，特别是延安时期及社会主义建设时期。革命文学背景下的“集体创作”目的是“变革文艺生产方式，超越资本主义社会的个人模式，邀请民众加入到历史书写当中”。随着革命时期的远去，市场经济条件下个体意识及权利的增长，“集体创作”日渐式微，最终几乎消亡。但文学研究中对于“集体创作”的归纳及定义，对于“综合性文稿”的“集体写作”仍有借鉴意义。如：“集体创作就是指由 2 名或 2 名以上的作者共同完成同一部作品的创作活动”，“集体创作指的是为了完成某个集体目的（如现实政策的宣传、上级的指令、意识形态的要求），通过集体力量完成作品的方式，来自党或政府的力量在其中扮演了直接的组织者和领导者的角色”。尽管综合性文稿与文学作品有着本质区别，但毕竟总体上还是属于“写作”的范畴，所以这些文学理论视角下的“集体创作”概念总体上对“综合性文稿”同样适用。

归纳起来，本书所讲的“团队化写作”，就是指为了完成某一综合性文稿由 2 人或 2 人以上共同写作，通过集体的力量完成写作的组织方式。

（二）综合性文稿“团队化写作”内涵

基本概念明确后，关键是把握概念的核心要义及内涵边界。这里要回归到综合性文稿的本质特征来看。综合性文稿或者说领导文稿，通常是指领导者在行使领导职能及相关的综合活动中发表全部讲话内容的一种书面文稿，是党政机关、企事业单位经常应用而又没有固定模式和规格的一种特殊文稿，是领导者组织公务活动的重要方式，是从事领导管理的重要手段，是实施领导职能的重要途径。邓小平曾经说过："拿笔杆是实行领导的主要方法。领导同志要学会拿笔杆。……用笔领导是领导的主要方法。"习近平总书记在地方工作期间，不断地对工作中遇到的问题进行深入思考、勤奋写作。写作过程是再思考和锻炼思维的过程，也是不断提升工作水平的过程。写作内容需要借助于一定形式表达出来，文风代表工作作风。

综合性文稿有两个根本特征，一是姓"公"不姓"私"。领导同志发表讲话稿是基于公权力的一种组织行为，反映领导机关和部门意志，具有公权力、强制力、约束力。二是代表组织行使职权。领导同志发表的讲话稿不一定是文件，却又往往是文件的解释、政策的宣传，也是工作的部署，是在行使"话语权"。也就是说，综合性文稿作为"遵命文章"，天然反映的是组织的权威性，是权力意志的文字呈现。这也是综合性文稿与文学创作的根本区别所在。文学作品贵在个人情绪、体会或观点的呈现，但综合性文稿却正好相反。换言之，文学作品可以只是个人多愁善感、嬉笑怒骂，关键是给人以心灵的冲击，但综合性文稿却要严谨务实可操作，因为里面的话语都是需要人去落实和执行。如果只是讲了一堆大道理或体会感想，但不能解决实际问题，文稿就变成了"徒陈空文"，失去其存在意义。要提出有针对性的举措，提炼出有问题导向的观点，就需要广泛收集资料（资料就是别人实践的经验反映）、亲自搞调查研究、广泛征求各方的意见等，靠个人苦思冥想、闭门造车是写不好也写不出综合性文稿的。团队化工作，就是基于扁平化灵活组织结构，创造最短的信息流，以知识高效流转推进团队化灵活工作模式，打破以层级和部门为主的传统信息壁垒，促进跨学科、地点的协作。文稿起草的团队形态大致可分为两种，一种是紧密型团队，一般以文秘部门、研究室等内设机构的工作人员组成，这是常态化制度化的工作团队。另一种是松散型团队，是为了完成某一特定的公文起草任务而组成的临时性工作团队。要提高文稿写作效率，确保写作质量，必须充分重视团队建设，优化团队协作机制和团队合作行为，发挥团队优势。

如果说文学中的“集体创作”争议较多，因为“集体”往往意味着个人独特艺术灵感或体会的压制和淡化，“个人写作”才是主流和常态；那么综合性文稿因其本质特征，“组织化的通过集体力量完成的写作方式”却是必须的。对于综合性文稿而言，“团队化写作”不是要不要的问题，而是如何使其更加显性化、体系化、制度化的问题。

二、团队化写作的必要性和重要性

政策和文件是我们党的政治理念的具体载体，是我们党施政的重要方法，也是具有中国特色的治国理政的重要手段。一方面文稿要落实中央及上级政策文件，另一方面文稿本身就要转化为政策或部署。起草文稿不是一般的写文章，而是科学决策的重要载体，是政策规定的重要体现，也是集中智慧的一个重要过程。因此，综合性文稿的“团队化写作”的必要性和重要性主要体现在两个大的方面。

一是落实民主集中制的体现。民主集中制是我们党的根本组织制度，是民主和集中紧密结合的制度。我们党历来高度重视发展党内民主。党的代表大会报告、党的全会文件、党的重要文件和重大决策、政府工作报告、重大改革发展举措、部门重要工作文件，都要在党内一定范围征求意见，有的不止征求一次，还要征求两次、三次，还有的要征求全部省区市的意见和建议，征求几十家中央和国家部门的意见和建议。而且，这些都是必须的程序，党中央审议重要文件时，都要求报告征求意见的情况，同意的要报告，不同意的也要报告。党中央作出重大决策都是很慎重的，重大方案要经过部门讨论、各有关中央领导小组讨论、国务院讨论，然后才拿到中央政治局常委会会议、中央政治局会议上审议。这些环节都有制度性规定，不是可有可无的。很多重大工作部署，从部门提出到中央政治局会议审议通过，要经过五六道重要程序，涉法事项还要到全国人大讨论。比如，党的十九届五中全会审议通过的《中共中央关于制定国民经济和社会发展第十四个五年规划和二〇三五年远景目标的建议》，就是一篇在起草过程中充分体现了民主集中制要求的重大文稿。2020 年 3 月份就成立了文件起草组，习近平总书记亲自担任组长，李克强、王沪宁、韩正同志任副组长，有关部门和地方负责同志参加，在中央政治局常委会领导下进行文件起草工作。过程中，为了起草好“十四五”规划建议，从 2020 年 7 月到 9 月，习近平总书记亲自主持召开了 7 场专题座谈会，听取各方面代表人士的意见建议，还部署在网上（建言“十四五”专栏）向全社会征求意见和建议，累计收到超过 101.8 万条建言；8 月中旬，“十四五”规划建议稿向全国各地区各部门各单位党委（党组）征求意见。规划建议稿在夜以继日的反复打磨中日渐成熟，习近平总书记先后 3 次主持召开中央政治局常委会会议、2 次主持召开中央政治局会议审议建议送审稿，直至形成 10 月 26 日中央全会审议稿。这些虽然是中央层面重大文稿起草的制度性安排，体现的却是对于综合性文稿起草共同的要求，对于其他层级政府组织或企事业单位而言，尽管文稿起草过程上可能没有这么复杂，但内在要求却是一致的。从起草组成立、形成初稿、按规定征求意见及最终上会审议等全过程，都是组织化团队协同合作的结果。

二是适应文稿起草快节奏、高要求、集思广益的体现。起草文稿任务往往比较紧，加之重要文稿往往涉及的都是全局性综合性的业务，需要依靠集体的力量。决策重大问题、起草重要文稿时，与集体比较，个人力量永远是沧海一粟。充分挖掘集体智慧，才能满足文稿起草快节奏、高要求的需要，实现事半功倍，在减轻起草压力的同时保证文稿起草的质量。挖掘集体智慧主要通过分头写作及充分讨论广泛吸收意见实现。首先要做好分头写作。几乎所有的重要文稿都需分头起草，再交集体汇总修改。要根据确定的提纲，按照每个人的专长，分配起草任务，确定完成时间。承担任务的同志，要深入研读相关材料，按照提纲确定的内容，形成初稿。在组织起草文稿时，要耐心听取每一位同志的好主意、好思路和好办法。其次要充分讨论吸收意见。文稿不是语言、文字的简单组合，而是思想见解的逻辑展现。不同经历、不同层次的同志对同一问题的看法各有千秋，必须多方征求意见。还要认真听取在相关问题上富有研究的同志的意见，认真听取参与起草的同志的意见，集思广益。在这一点上，再有水平的同志都不能太自信。水平高低不仅在于自身的素养，更在于能把大家有价值的意见巧妙汇集运用到文稿中去。在听取意见时尤其要在两个环节上下更大功夫，一是讨论提纲，二是修改完善。在一般人眼里，这两个环节是比较容易忽视的，往往由组织起草的同志定了了事，最后效果并不够好。无论时间再紧，都要尽量留出时间或在会上或个别听取意见，这样既克服了自身局限，又减轻了工作压力。在听取意见时既要善于吸收有价值的内容，又要仔细分析不够成熟意见的缘由，从中找出需要修改完善的方面；既要听取参与起草的同志的意见，也要注意听取不参与起草但非常熟悉业务工作、了解相关情况的同志的意见。社会化分工越来越专业和精细的大背景下，充分讨论听取意见，有利于克服“知识的诅咒”。

三、把握文稿规律，打造高水平写作团队

文稿写作关键在人，人是写好文稿的第一要素。没有一流的文字秘书，就没有一流的文稿质量。建设一支政治强、业务精、作风实的高素质文字秘书队伍，是提高文稿质量的根本保证。

（一）建立健全起草团队的组建机制

1. 形成常态化的启动机制

综合性文稿起草组织过程中，需要对业务项目进行细分，确保每一项业务责任具体明确，质量、进度控制落实到位。对领导在全局性、综合性会议及重要活动上的讲话稿和全局性、综合性汇报材料等重要作业项目，实行负责人牵头、写作小组集中起草、多方征求意见的机制，确保综合性文稿的质量。根据会议层级和文稿要求不同，相应地组织文稿起草团队。工作会议、座谈会等年度会议应组建跨部门的文稿起草工作组，其他会议宜成立专项起草团队。对工作会议、座谈会等年度会议，工作组成员应相对固定，全程参与各次重要文稿起草工作，各成员分工协作、通力配合，负责持续动态跟踪相关业务领域重点工作、重大项目和重要改革的落实落地情况，及时研判当前面临的新形势、新要求，深入分析必须着力破除的体制机制障碍和亟待解决的重点难点问题，研究提出务实管用的对策建议。

简要的步骤是：一是接到写作任务后，视文稿重要程度，决定是否成立写作小组；如无需成立，可直接启动写作。二是拟定写作组织方案，明确写作计划和责任分工。三是需要成立写作小组的，协调相关业务部门，成立写作小组，各专业安排熟悉本业务领域工作、勤思善学能写的骨干参加。工作组成员相对固定、全程参与，工作组不定期组织

集中研讨、专题研究。为进一步整合资源、加强协同，更高质量、更有效率地做好重要文稿起草和决策支撑服务，建立以文稿起草归口管理部门为核心工作团队，以相关专业部门人员为柔性支撑团队，包含日常沟通、信息对称、协同工作三大机制和重要文献数据库的工作体系。

2. 组成人员的结构优良

文稿写作团队的价值在于创造性地解决问题，完成特定的工作写作任务。要围绕需要解决的问题、需要完成的写作任务优化团队结构。优化能力结构，成员的选择要以其优势性能力素养为主，兼顾公文写作基础性能力、运行性能力素养。大型工作报告的材料，应当优先选择在起草工作总结、材料方面有经验有成绩的人员进入并成为具体负责人或执笔人，再挑选熟悉情况、写作能力强、撰稿流程操控能力强的人员作为助手，各部门各条线明确熟悉业务、积极肯干的人员作为资料信息提供、调研访谈保障、沟通协调的人手。优化知识结构，围绕要解决的问题和文稿写作要求，从学科背景、学术训练、知识储备、工作历练等方面选择团队成员，以拓展综合性文稿写作任务所需要的理论视野、知识面，增大信息容量，深化学理支撑。优化年龄结构，综合性文稿写作是脑力、精力耗费比较大的工作，需要有充沛的体力、精力作为保证。最好老中青结合，以中青年为骨干力量，形成稳健的人力结构。

3. 要有明确的职责分工

特别是要明确总体牵头部门、分项负责部门的职责。如，一般而言，央企研究部门研究处室、各级单位办公室（综合管理部门）是重要文稿的综合协调部门（以下简称“文稿综合协调部门”），负责统筹总部、各级单位有关重要文稿的起草和审核工作。各部门根据职责分工和工作需要，负责全局性工作有关重要文稿的统筹协调。一般央企政策研究部（室）主要职责：起草企业向党中央、国务院、全国人大、全国政协、中央和国家部委的综合工作汇报（报告）；起草企业主要领导参加外部重要会议和活动的综合性讲话；起草企业职代会（年度、年中、季度工作会）工作报告、总结讲话、主持词，审核专题报告、大会发言、会议决议、会议印发文件、上级领导讲话代拟稿等；起草企业主要领导在主要负责人会议、月度例会上的讲话；审核企业主要领导参加有关专业会议和内部重要活动的讲话；按照领导要求，配合其他部门起草或审核有关重要文稿。总部各部门主要职责：起草公司向中央和国家部委、地方党委政府的专项工作汇报（报告）；起草企业领导参加重要外部专题（专业性会议）和有关重要活动的讲话、发言；起草企业主要领导参加有关专业会议和内部重要活动的讲话；根据分工，起草企业职代会（年度、年中、季度工作会）专题报告、大会发言、会议决议、会议印发文件、上级领导讲话代拟稿等；根据分工，起草企业主要负责人会议专题报告、大会发言等；组织起草和审核企业二类会议相关重要文稿；根据文稿综合协调部门提出的收资需求，提供基础资料和有关专题研究成果，保证提供资料的质量和深度。按照领导要求，做好其他部门起草或审核重要文稿的配合工作。各级单位文稿综合协调部门主要职责是：起草本单位向上级单位、地方党委政府和有关部门的综合工作汇报（报告）；起草本单位在上级单位职代会（年度、年中、季度工作会）上的专题报告、大会发言等；起草本单位主要领导参加外部重要会议和活动的综合性讲话；起草本单位职代会（年度、年中、季度工作会）工作报告、总结讲话，审核专题报告、大会发言、会议决议、会议印发文件、上级领导讲话代拟稿等；起草本单位主要领导在主要负责人会议、月度例会上的讲话；审核本单位主要领导参加有关专业会议和内部重要活动的讲话；按照领导要求，做好上级单位和本单位其他部门起草或审核重要文稿的配合工作。完成上级单位和本单位主要领导安排的其他文稿工作。

4. 要有具备权威性的牵头人

这里所说的“牵头人”，除了具体执笔人，还要有总的统揽把关人，最好是相应级别的领导干部。

面向新时代的政治宣言和行动纲领
——党的十九大报告诞生记（节选）

……

科学把握国际国内大势，深入研究事关全局的重大问题——党的十九大报告起草工作始终在中央政治局常委会直接领导下进行，习近平总书记亲自担任文件起草组组长。

2016年10月，党的十八届六中全会决定：2017年下半年召开党的十九大。

作为党的十九大筹备工作的重要组成部分，起草出一个凝聚全党智慧、顺应人民群众期待、对我国发展具有指导作用、在国际社会产生广泛影响的报告，是大会胜利举行的重要环节。

2017年1月13日上午，中南海怀仁堂。

习近平总书记主持召开党的十九大文件起草组第一次全体会议，宣布党中央关于成立党的十九大文件起草组的决定。文件起草组由习近平总书记担任组长，刘云山、王岐山、张高丽同志任副组长。

会上，习近平总书记要求充分认识做好党的十九大报告起草工作的重大意义，坚持正确思想方法，科学分析和把握国际国内形势，深入研究关系党和国家事业发展的重大问题。

按照习近平总书记的部署和要求，起草组围绕一系列重大理论和实践问题开展实地调研、组织专题调研。

……

5月9日，报告框架方案呈报文件起草组第三次全体会议。习近平总书记在听取汇报和讨论后指出，党的十九大报告是我们党站在“两个一百年”奋斗目标的历史交汇点上，对党、对国家、对中华民族发展所作的宏观设计和政治宣言。新形势下，统筹推进“五位一体”总体布局，协调推进“四个全面”战略布局，有许多重大理论和实践问题需要回答。

……

6月28日，习近平总书记主持召开文件起草组第四次全体会议，强调要继续在提出新思想新观点新举措上下功夫，从历史和现实、理论和实践、国内和国际等的结合上进行思考，得出科学准确的结论。

7月13日至24日，习近平总书记先后主持召开两次中央政治局常委会会议和一次中央政治局会议，审议党的十九大报告稿。

——7月13日，中央政治局常委会会议第一次审议报告稿，中央政治局常委同志在听取汇报后，一致赞成报告稿的框架思路、内容结构、重大观点、主要提法，提出了重要意见。

——7月20日，中央政治局常委会会议第二次审议报告稿，中央政治局常委同志提出了重要修改意见。

——7月24日，中央政治局会议第一次审议报告稿，中央政治局委员一致赞成报告稿的框架思路、内容结构，赞成报告稿提出的主题主线、指导思想、基本方略、重大论断、决策部署。

——新华网 2017 年 10 月 28 日

（二）建立健全起草团队运作的机制保障

1. 建立健全文稿团队化写作规范管理制度

建立文稿起草的管理制度，实行集中讨论、分工起草、专人整合、集体研讨修改的撰稿工作机制，依托制度安排，做到分工明确、责任明确、环环相扣、程序严格，确保综合性文稿处理工作的顺畅运转。以制度形式把优秀经验固化为必须共同遵守的业务流程，把接收文稿任务、收集资料、酝酿提纲、提请审定、编制初稿、审核修改、定稿付印、会后整理等全流程标准化可视化，防止在流程中随心所欲、顾此失彼、另起炉灶。比如，对送审稿进行认真复核（进行电子版、纸质版分页专人复核），分别送主要领导审核，并根据主要领导的意见迭代修改。年度工作会议上的讲话和工作报告还需要征求有关单位主要负责人意见，并提请党组（党委）审议。

南方电网某子公司“文思杯”文秘写作梯队建设实践

历年“文思杯”为南方电网某子公司系统文秘写作团队“提能力、建队伍、强保障”提供了强有力支撑。

一是夯实了文秘人才队伍储备，解决“源头活水”的问题。“文思杯”竞赛明确参赛人数不限、专业不限、岗位不限，为公司系统广大干部员工提升能力、展示风采提供了广阔平台，进一步拓宽了文秘梯队建设的视野和空间，也为公司系统文秘队伍相互学习、切磋技艺提供了竞技舞台。多年来，一批功底扎实、业务精湛的骨干从竞赛中脱颖而出，一些非文秘专业背景的人员进入了文秘队伍，特别是一大批年轻同志在竞赛中快速成长，为公司系统文秘梯队提供了源源不断的新鲜血液。

二是提升了业务领域对文秘工作的支撑力度，解决“协同作战”的问题。历届“文思杯”均有较高比例的非办公系统员工报名参赛，这些人员即便在今后不进入文秘队伍，也会成为业务领域文稿写作工作的重要支撑。

三是建立了文秘人才库，解决“持续培养”的问题。公司将进入“文思杯”竞赛复赛的人员纳入公司文秘人才库，并在次年针对性组织开展后续培训工作，有效保障了文秘人才队伍的持续、全面、系统提升。

2. 建立健全文稿团队化写作的学习培训制度

团队学习是学习型组织建设的基本理念和技术之一，是学习型组织的基本学习方式。团队学习的核心价值是凝聚和激发群体智慧和潜能，它既是一项集体修炼，让团队发展出超乎个人才华总和的伟大知识和能力，也是协调成员力量、凝聚工作合力、推进工作流程的重要方式。可采取举办读书交流会、到国内外参加学习培训、到基层挂职锻炼等多种方式，引导文稿工作人员自觉学习、勤奋学习、善于学习，坚持不懈地用马克思主义中国化最新成果武装头脑，学习各种新知识，解放思想，开阔视野，增长才干，更好地适应文稿写作工作的需要。学习内容可以聚焦所要解决的问题，也可以针对特定的写作内容，迅速了解、掌握相关的政策、文献、学科前沿知识、调研访谈资料等。学习方式要工作学习化、学习工作化，不宜开展游离于工作任务、工作流程之外的学习，坚持边做边学，努力把学习与思考、运用、创新相结合，努力把完成工作任务的过程变为团队成员努力学习、积极探索的过程。学习时可以充分利用网络和新媒体，及时分享信息、交流体会。注意组织好封闭写作等实战化学习。用好全局性重大材料的封闭写作机会，让文秘骨干及苗子在大战大考中磨炼写作意志和本领。文稿综合协调部门要担负起牵头抓总组织学习的责任，定期开展学习培训，加强工作交流。如每年在各级单位年度职代会（工作会议）、年中工作会议召开后，组织开展工作报告（讲话）分析评价工作，分析评价结果纳入办公室业务评价体系。文稿综合协调部门还可以发布优秀成果汇编，促进资料共享。

南方电网公司某子公司文秘行政人才梯队培养实践

2014年以来，南方电网公司某子公司建立基层文秘行政人才梯队培养机制，引入了“70-20-10”学习方式，逐步建立起公司文秘行政专才培养生态，培养了一批批“遇事能办、问策能对、提笔能写、开口能讲”的文秘行政专才。截至目前，共培养了5期100位文秘行政专才，覆盖了各部门（单位），形成了系列专项课题，优化了公司综合性文稿写作、信息工作、督查督办等行政工作的制度流程，提升了行政工作质量。

一是针对性设置培训课程。专才培养项目坚持“70-20-10”学习方式，70%的时间在导师的带领下开展“行动学习”，每个小组研究1个业务实际问题，在岗位上展开实践；20%的时间在“文秘行政专才”平台开展交流分享，在互动中学习；10%的时间为集中学习，通过系统的课程学习针对性提升专才们的项目管理、文稿写作、品牌管理与社交礼仪等综合素质。

二是以“管理优化”开展行动实践。专才通过“选题开题、调查研究、试点实践、成果提炼”四个阶段，围绕综合性文稿写作、会议管理、新闻信息、督办等工作，开展项目课题研究，并将研究成果应用于实际工作。专才回到原岗位之后，在本单位对学习到的知识进行宣贯和应用，带动提升行政工作规范化水平。例如，文秘专才参与编制规范性文件《行政规范手册》并在本单位进行宣贯和使用，提升了行政工作的规范和质量，有力促进了工作水平提升；同时，通过课题研究，形成了南方电网某子公司《信息工作实施细则》《信息工作业务指导书》《督查督办工作实施细则》《会议管理办法》《综合性文稿起草业务指导书》等一批制度成果。

三是建设学习生态，强化自主管理。基于“搭建平台、建立机制、自主管理、互动分享”的思路，项目组与班委共同探讨编写了《公司文秘行政专才培养项目学习公约》，设置了包含态度、知识、能力三方面的学习约定。运用行为事件法、专家访谈法、问卷法分别确立了文秘行政专才内部和外部师资能力要求。培养过程中，为每位“专才”安排了一名内部导师（导师为公司四级副及以上干部），进行业务指导；另外还安排一名“催化”导师，由专业领域有一定知名度的外部专家担任，进行研究指导。导师每月和专才至少碰面一次，专才每月提交一份小结，由导师填写评语，督导行动学习，确保项目出成效。

四是持续开展评估和跟进指导。每阶段集中培训结束前开展学习评估，检验每位学员对培训课程的掌握程度。“小组课题研究”由各学习小组汇报研究课题的阶段性研究过程、成果、问题与解决方案，导师对汇报进行综合评估，检验学习小组知识运用、解决问题的水平。经过跟踪调研，文秘行政专才在培训之后回到原岗位工作，在岗位胜任能力方面有明显提升，主要体现在四个方面：一是大局意识和战略思维进一步提高，更加善于从公司和本部门（单位）发展的角度考虑问题。二是更加积极地研究推动工作，在协调能力和执行能力方面有更大进步。三是工作目标更加明确，工作效率和质量进一步提升。四是学习能力和团队合作能力进一步加强。

3. 建立健全文稿团队化写作的激励制度

一是完善文稿人才成长通道。建立和完善以岗位管理、竞聘上岗为主要内容的干部管理机制和凭工作实绩用人的选用机制，激发干部职工工作的积极性、主动性和创造性。在干部选拔任用时要统筹考虑在文稿岗位表现突出的同志，努力形成鼓励从事文稿工作的用人导向，不断调动干部的积极性。同时，注重加强人文关怀，谈心交流，沟通思想，了解困难，尽最大努力为大家解决实际问题，减少后顾之忧，创造良好的工作生活环境。推动完善文稿及研究人才岗位聘用、专家系列等人事制度以及以品德、能力和贡献为导向的人才评价政策，形成文稿写作及政策研究人才辈出的良好局面。开展"好文稿""好信息"等评选活动，对工作中有突出成绩的干部职工进行表彰奖励。二是建立良好的团队文化，塑造忠诚坚定、认真负责的团队品格，锻造精益求精、追求卓越的团队能力，营造勤奋好学、刻苦钻研的团队氛围。发挥团队骨干作用，提高骨干带团队能力。注重优化服务团队成员的机制和氛围，增强团队的凝聚力，增强团队成员的获得感、归属感、认同感和共鸣感。

（三）用好团队化写作工作工具

从工作执行逻辑考虑，团队工作工具可分为沟通工具、目标和进度管理工具、知识管理工具、综合管理系统等。

1. 沟通工具

沟通工具是信息流转的基础，通过顺畅的交流促进任务传达、工作协同。常见的工具有 E-mail、短信和企业内部即时通信平台等。现代沟通工具更注重与后续任务的协同联动，如将接收的信息自动转化为提醒、工作任务、会议日程等下一步工作。

2. 目标和进度管理工具

目标和进度管理是运用在大型项目上，采用科学的方法确定进度目标，编制经济合理的进度计划，并据以检查工程项目进度计划的执行情况，若发现实际执行情况与计划进度不一致，及时分析原因，并采取必要的措施对原工程进度计划进行调整或修正。主要工具有：管理看板，是管理可视化的一种表现形式，通过各种形式，如标语、现况板、图表、电子屏等把文件上、脑子里或现场等隐藏的情报揭示出来，以便任何人都可以及时掌握管理现状和必要的情报，从而能够快速制定并实施应对措施。

3. 知识管理工具

知识管理是知识经济时代涌现出来的一种最新管理思想与方法，它融合了现代信息技术、知识经济理论、企业管理思想和现代管理理念。知识管理工具包括知识结构树、文档存储管理工具、搜索工具、知识采集发布工具等。主要用于信息处理，例如自动化的信息搜索代理、决策支持技术、经营信息系统和文档管理系统。

4. 综合管理系统

综合管理系统是以信息化手段促进团队工作的新型工具。主要有管理信息系统和办公自动化。管理信息系统（Management Information System，简称 MIS）是一个以人为主导，利用计算机硬件、软件、网络通信设备以及其他办公设备，进行信息的收集、传输、加工、储存、更新、拓展和维护的系统。而办公自动化（Office Automation，OA）是在设备、通信逐步实现自动化的基础上，通过管理信息系统（MIS）的发展而兴起的一门综合性技术，是将计算机网络与现代化办公相结合的一种新型办公方式，它不仅可以实现办公事务的自动化处理，而且可以极大提高个人或者群体办公事务的工作效率，为企业或部门机关的管理与决策提供科学依据。近年来随着技术的发展，基于网络的办公协同系统高速发展，涌现出大量新兴的云端软件，如网络会议、云端文档、团队协作工具等。

（四）打造政治强、业务精、作风好的文稿起草人才队伍

要通过学习、培训、培养等方式，不断提高文稿起草人员的政治素质和业务能力，打造一支具有坚定政治素养、熟练业务能力和富于创新精神的文稿起草人才队伍。重点要从以下六个方面提升素质和能力。

一是坚定不移的政治立场。政治坚定是做好政策研究工作的首要条件，要切实提高政治敏锐性和政治鉴别力，在重大问题上立场坚定、

旗帜鲜明，在大是大非面前头脑清醒、态度坚决，始终同党中央保持高度一致。

二是以文辅政的使命意识。文稿起草是一项非常清苦的工作，要耐得住寂寞、忍得住清苦、放得下得失，尽心尽力把工作干好。文字秘书人员要把文稿创作当作事业看待，把写出一流文稿作为追求目标，强化专业思想和投入意识，脚踏实地地投入文字工作，任劳任怨地做好文字工作。起草文稿不是撰写学术报告，而是要紧贴实际、立足全局，科学分析；研判形势，准确把握工作重点、难点，深刻领会领导的思路和关注点，真正做到为决策提供参考和依据。

三是如饥似渴的求知欲望。加强学习积累，广泛学习经济、政治、文化、社会等各方面知识，收集各方面材料，了解有关问题的时代背景、历史沿革和发展脉络，及时掌握各种最新动态。

四是全面精通的业务素养。坚持走遵循文稿写作基本规律与把握领导个人风格相结合的路子。既注重立意高远、过渡自然、逻辑严密、语言流畅、观点与材料相统一等文稿写作的基本规律，又把握领导同志一贯的思维特点和语言风格，写出个性化的文稿。坚持采用多种措施，提高文稿写作水平。特别要学会利用网络等现代化工具，搜寻信息、占有材料、提高效能，尽力扩大信息总量，增大知识储量，以求掌握的实情更准一点，占有的材料更多一点，思考的问题更深一点，观察的问题更远一点，真正当好领导的外脑，坚决防止对领导关注的问题既不了解、又没有新的思考的“夜半临深池，盲人骑瞎马”的现象发生，真正实现从被动应付领导到主动适应领导，再到超前服务领导的转变。

五是敢为人先的创新精神。只有创新才能脱颖而出。在内容上敢于提出一些新思想、新观点、新举措，在形式上多用一些富有个性、特色鲜明、生动活泼的语言。当然不能刻意追求走创新，搞文字游戏，要正确理解创新，理性追求创新。

六是精益求精的责任意识。在文稿运作的机制上，坚持接到文稿写作任务以后，精心研讨材料、了解情况、确立观点，列出成熟的提纲，报请领导审定后开始起草。无论时间多么紧，任务多么重，都要力求不出现常规性错误，努力实现文稿的“零缺憾”。对高质量的文稿，认为是责任所系、理所当然，不张扬、不炫耀；对质量不高的文稿，经得起批评，不泄气，不抱怨，认真总结经验教训，及时弥补不足，尽快提高文字水平，更好地发挥“以文辅政”的作用。

第 7 章

文稿起草的数字化

一、什么是文稿起草数字化

二、文稿起草数字化的实践

三、数字化写作的发展趋势

一、什么是文稿起草数字化

当前，以人工智能、大数据、区块链、量子技术等为主要特征的第四次工业革命正在加速向我们袭来，对我们的生产生活产生了广泛而深刻的影响。其中，人工智能作为最具代表性、颠覆性的数字化技术，快速催生了一批新产品、新服务、新业态，推动社会生产力整体跃升，为各行业带来重大发展机遇。

文稿起草数字化，就是应用数字化技术辅助支持文稿起草的资料搜集、整理、分析，以及编辑、传播等全过程。数字化改进了文稿起草与使用过程。数字化技术的应用，至少在以下几个方面带来了前所未有的影响。

一是几乎无限的信息掌控能力。资料搜集范围、时间和空间的广度、专业领域的深度，都可以靠数字化技术极大程度上弥补人工的不足和局限。

二是更强的分析研判能力。应用丰富的数字化表现形式，如可视化、量化、趋势，套用成熟方法辅助分析，如借助数学模型、统计分析。

三是政策制定能力。汇编政策形成措施工具箱，汇编案例形成案例集。

四是跟踪回顾能力。应用数字技术建立新闻、事件、政策文件间关联，从时间维度跟踪效果。

虽然目前已经开展了人工智能写作领域的多种研究，但由于综合性文稿自身特殊性，这些方法并不适用。不过，其中涉及的具体技术却能给综合性文稿的写作带来一定的帮助和启发。

二、文稿起草数字化的实践

受人工智能写作的启发，基于对综合性文稿写作的实践经验，南网公司建立了一套智能辅助写作系统。下面将以该系统为例，阐述数字化技术在文稿起草过程中的应用。

（一）智能辅助写作系统的搭建逻辑

目前的一种普遍现象是，企业或部门内部积累了大量的电子文档素材及资料，这些素材大都分散于各个员工的个人电脑中，并未利用起来。随着各类素材、文档的增加，搜索查询格外困难，给工作带来了极大的不便。为了解决这一问题，南网公司建设了智能辅助写作系统，实现对各类素材文档统一管理和智能搜索，同时应用人工智能技术，在结构化处理的基础上，实现分析统计、编辑审核等辅助功能。

具体而言，智能辅助写作系统包括智能数据采集、智能数据处理、智库平台、智慧搜索、智能辅助写作、管理平台和统计分析等。

（1）数据采集：采集企业内部数据和互联网外部数据，然后录入临时汇聚数据库，为下一步的数据处理和存储提供数据基础。数据采集应基于写作需求适当聚焦于具体的专题信息。

（2）数据处理：构建智库平台的技术基础，将采集完成的内外部数据临时存储后，进行清洗、打标、分析等加工处理，使海量异构数据满足交换与整合等需求。

（3）智库平台：通过对专题库数据的分类、二次筛选，形成智库平台，包含了资源中心、智慧搜索以及个人中心，其中资源中心提供专题库数据，这些数据经过了内外部数据的采集、汇聚、清洗、存储等一系列处理过程。

（4）智慧搜索：涉及基本的搜索，也涉及语义搜索、拼音搜索等高级搜索。搜索结果会根据关联分值进行排序，同时也可以对平台中的搜索情况进行分析，提取搜索热词等。

（5）智能辅助写作：基于智库平台资源数据，结合南网人工智能功能平台，以中文分词、内容联想、热点发现、自动聚类、标签聚类、自动分类、动态推荐、文本纠错、文本审核等为主构建的智能辅助写作工具，主要包括文章编辑、创作时轴、主题延展、稿件背景、智能校对、痕迹保留、文章审批及文章导出等功能。

（二）智能辅助写作系统的功能模块架构

以流程与功能逻辑划分，整个写作流程可组合为三大平台，包括智库平台、智能辅助写作平台以及管理平台，各平台下内设功能模块，功能架构图如图 7—1 所示。

图 7—1　系统功能架构图

智库平台，作为智能辅助写作平台的数据支撑，包含了资源中心、智慧搜索以及个人中心，其中资源中心将采集处理后的数据整理为相应的专题库，方便检索利用。智能辅助写作平台，作为内容创作工具，通过人工智能技术，提供一系列智能辅助写作工具。管理平台，作为整体系统的管理后台，能够统一进行组织管理、角色管理、用户管理、流程管理、权限管理、日志管理、统计分析等。数据与系统互联方面，需尽可能多地对接既有数据资源，实现存量信息的有效管理和共性资源的再利用。

1. 智库平台

智库平台最重要的三个方面是：数据的采集、处理、存储；各领域专题库的搭建；满足用户信息使用需求。

（1）数据的采集、处理、存储。

①数据采集。

智库平台以庞大的数据作为基础支撑，需要采集内部数据和互联网外部数据，然后录入临时汇聚的数据库，为下一步的数据处理和存储提供数据基础。一是内部数据采集。主要为企业内部产生的数据，如内网业务系统产生的管理制度、课题研究、领导讲话、内部政策等相关政策数据等。二是外部数据采集。来源于互联网的数据，如国家政策、地方政策、行业政策、媒体新闻、法律法规等。这类外部数据需提供相关数据采集点、采集范围、数据更新频率，并通过采集工具进行采集，然后通过内外网数据交互的机制进行推送。具体方法有：接入国研网、经济数据、电子期刊等政策研究相关数据资源服务；爬虫自动搜集、抓取系统内外部政策信息；跟踪主流媒体、网络动态、专家意见、文献书籍、文件等主要信息来源。三是手工数据采集。即零散的数据，如外部会议电子文档、外购电子资源，这些数据无法通过采集工具进行自动采集，需要依靠人工的方式进行批量录入，或存放在指定共享文件服务器，通过配置采集工具进行采集，具备类似共享盘的功能。

②数据处理。

将采集完成的内外部数据临时存储后，进行清洗、打标、分析等加工处理，使海量异构数据满足交换与整合等的需求。一是数据清洗。通过临时数据汇集库，对采集的数据进行数据抽取、转换、去重、加载等数据清洗工作。二是数据识别和解析处理。通过人工智能技术，对完成清洗加工的数据进行自动分类、自动去重、自动分词、词性标注、文本摘要、信息抽取、主题分析等人工智能分析。文字、语音识别，转化为可编辑文稿。提取生成标题、时间、来源、主题等标签。提取文件内关键词，识别并结构化背景、目标、方法、策略、原则、举措、计划等关键文档部件内容。三是信息数据审核。多个数据源关联，相互校验。重要关键数据进行智能人工审核，即智能审核基础上加入人工环节。

③数据存储。

数据采集处理完成后，需要将数据存储进数据库。为数据便于索引管理，将处理后的数据存储到分布式全文数据库，方便数据被检索使用。

（2）各领域专题库的搭建。

通过对数据的梳理、分类、调取，结合政策研究等业务应用领域构建各领域专题库，如政研专题库，包括区域经济、产业政策、重大课题、专家资源、宏观经济、改革发展、专项课题等内容，通过对入库资源进行梳理、分类、过滤、发布，形成政研专题库。专题库功能模块主要有知识存档、数据库综合管理，可实现海量信息汇总。具体而言，专题库可提供以下几种功能。

①热点发现。

通过自然语言技术，对周期性资源进行热点分析，实现热词、热点信息探索。将热门的文章汇聚并进行统一展示，实现热点地图功能，即按照区域和时间维度进行分类展示。通过热点发现，能够了解近期的政策热点、新闻趋势，及时发现政策改革相关线索。

图 7—2　热点发现页面图

②自动聚类。

支持资源按照内容自动聚类，自动生成信息岛图。能够对大量无类别的资源进行归类，把内容相近的资源归为一类。支持信息岛图多层下钻功能，动态显示聚类信息列表，直接定位相关文章，探索信息之间的关联关系。

③标签聚类。

自动统计资源数据的人工标记，根据人工标记的标签，将资源按照标签进行资源关联统计，形成标签地图。同类型的资源聚类在一起方便查找资源。

④智能分类。

为了有效管理资源与查找，通过自然语言技术，对资源进行“关键词＋语义结合”的自动分类模型，对资源进行分类标引，并支持对查询结果进行自动分类展现，有效降低信息噪音。可自动按主题分类，如重要会议、企业改革、党的建设、生产技术、时政要闻等。

⑤政策溯源。

通过政策（文章）追踪关联分析，将关联的政策数据汇聚起来，提取发布机构、发布时间等信息并以时间轴的方式呈现，可以清晰地了解政策发布、传播路径情况，实现对政策数据溯源。

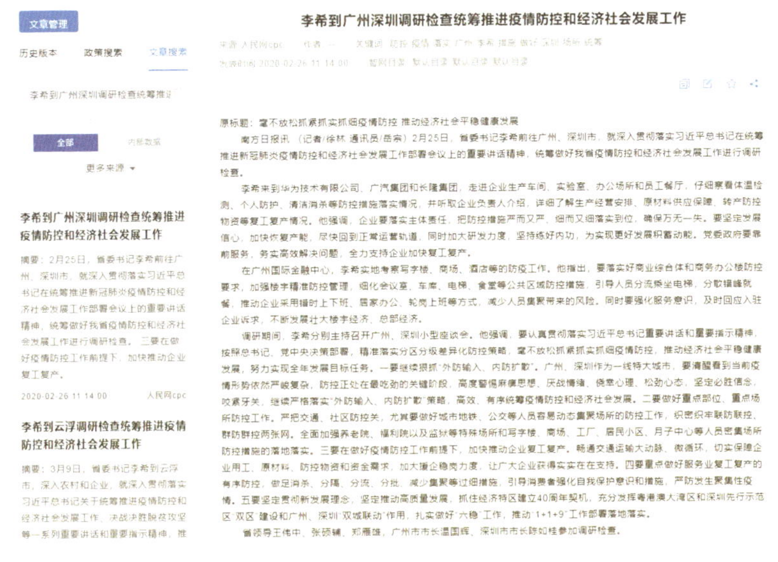

图 7—3　政策溯源页面图

⑥资源管理。

通过对数据的梳理、分类、调取，结合政策研究等业务应用领域构建的不同知识库，通过知识存档、数据库综合管理功能，对收集到的信息实现分级、分类管理。

图 7—4　资源管理页面图

⑦资源统计。

资源统计是指系统能够对资源数量、发文机构、领域以及资源使用情况等进行统计，并支持对关键词命中结果的信息集进行基于内容结构化的多维度统计。通过资源统计，人们能够更加直观地了解资源的整体情况。

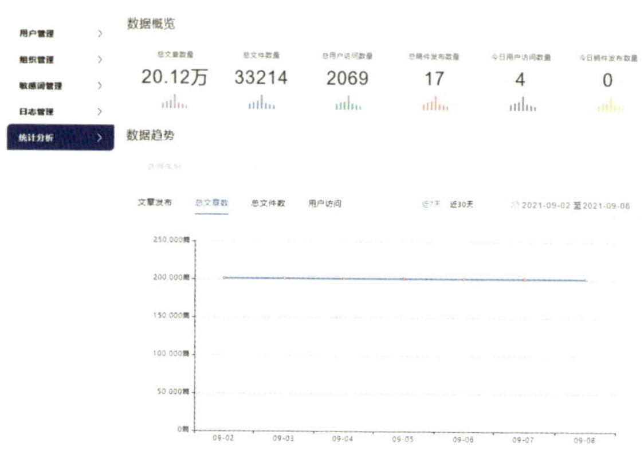

图 7—5　资源统计页面图

⑧敏感信息管理。

提取分析文稿信息，判断和设置文稿取阅权限，必要时进行信息脱敏处理。具体包括敏感信息库、取阅权限、替代方法等内设功能要素。

用户管理　组织管理　敏感词管理　日志管理　统计分析

单个导入　批量导入　敏感词　查询

序号	敏感词	类型	创建人	创建时间	操作
1	习近平	其他	4A2 0版本测试	2021-06-24 19 52 43	删除
2	毛泽东主义	政治敏感词	4A2 0版本测试	2021-06-17 21 12 37	删除
3	伊斯兰	政治敏感词	4A2 0版本测试	2021-06-17 21 11 02	删除
4	台湾	政治敏感词	4A2 0版本测试	2021-06-17 21 10 44	删除
5	习大大	政治敏感词	4A2 0版本测试	2021-06-17 21 08 59	删除

图 7—6　敏感信息管理页面图

（3）满足用户信息使用需求。

①研究模块。

包括研究协同、文献综述、专业比对、智能校核等功能。一是研究协同，用户可在文章查阅页面进行协同研究，在文章中进行批阅，可回复批阅内容，用户可根据批阅内容对文章进行修改或其他操作。

图 7—7　研究协同页面图

二是文献综述，当文稿过多、只想查看重要信息时，可通过智能算法，从外部新闻、组织内部信息、存量档案文稿等相关资料库中提取资料，跟踪和分析工作重点、要求，而用户在文章列表中就能查看到有关文章的重要信息。

三是专业比对，根据权威资料库，对文稿进行智能比对，指出与相关政策要求之间的差异。根据丰富网络信息，如政策发布、经济运行数据、舆论风向，预测经济增长、能源供需、政策导向等的趋势。

四是智能校核，能够校对文稿内容与行业历史、现状、发展的差异并纠正错误，能够纠正错别字、病句、固定搭配和标点符号等错误。

②学习模块。

主要有关键词、前瞻性、共享性、岗位胜任能力学习等功能，通过调用知识库的内容，让使用者通过针对性的学习，快速提升文稿写作的能力和水平。

③知识图谱。

基于海量新闻源的大数据分析，按照人物、时间、事件等关系进行深度挖掘，在无数单点新闻之间建立联系，形成强大的知识图谱。帮助用户扩散思维，获取写作灵感。根据知识图谱算法技术抽取要素，展示关联性，展示人物、地点、机构等信息，同时将数据来源分布统计进行展示。

④智慧搜索。

智慧搜索包含了基本搜索、拼音搜索、语义搜索、关联提示、分类搜索、相关搜索、热词搜索、搜索排序等，在用户层面上，大大加强了对海量数据的搜索精准度，减少了用户查找困难等问题。

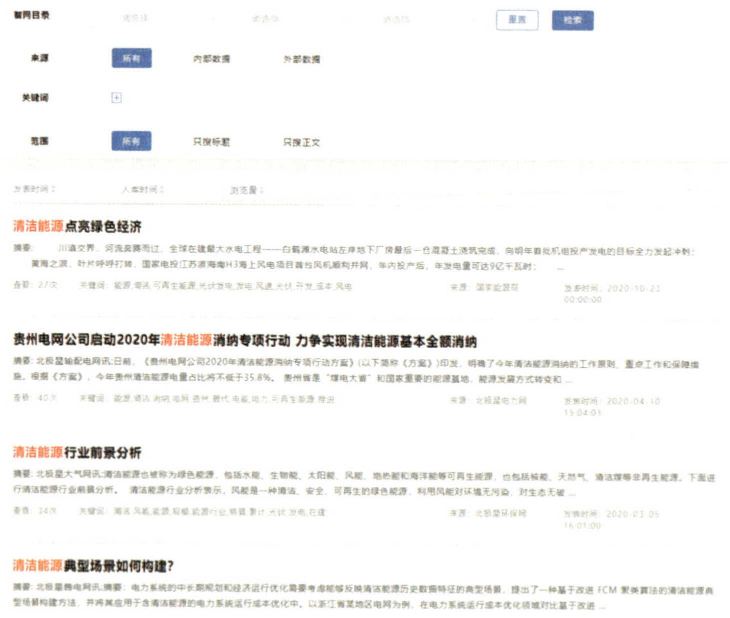

图 7—8　智慧搜索页面图

⑤信息定制。

支持对资源进行订阅、收藏、分享等，通过个人中心即可快速找到个人需要的资源，还能够把相关资源分享给其他用户。

2. 智能辅助写作平台

智能辅助写作平台是基于智库平台资源数据，以中文分词、内容联想、热点发现、自动聚类、标签聚类、自动分类、动态推荐、文本纠错、文本审核等为主构建的智能辅助写作工具，主要包括协同写稿、文章编辑、创作时轴、主题延展、稿件背景、文稿校对、痕迹保留、文章审批及文章导出等功能。

①协同写稿。

快速灵活组建跨部门、跨层级工作组，完成协同写稿工作。多人协同在线写稿，随时随地在线编写、统稿，在线讨论、意见征集。

②文章编辑。

能提供所见所得可视化图文编辑器，填写文章标题、作者、正文，插入图片，设置文本字体、字体大小、字体粗细等基础功能。支持自动版本保存、自动格式排版、全半角转换、自动粘贴等功能，支持文章分页设置等。

③创作时轴。

支持与智库资源中心对接，将需要的文章内容添加到个人素材库，形成创作轴；在写作时，支持从创作轴中选中一篇文章或一段文字，通过拖拽方式或复制粘贴加入正在创作的文章中，辅助创作，提高写作效率。

④主题延展。

在编辑器内输入内容后，通过人工智能技术，系统会自动根据这一段内容中的关键字，匹配与之主题相似、相近的文章，帮助用户开拓创作思路。

⑤稿件背景。

能够根据编辑器内已输入的内容，自动提取出文章的人名、地名、机构名、关键词等；并可通过人为选择关键词，自动匹配相关文章。

⑥文稿校对。

基于字词句法，自动校对文章出现的字词错误、语法错误、政治敏感词错误等，辅助作者快速判断文稿撰写过程中是否出现错漏。纠正错别字、病句、固定搭配和标点符号等错误。

⑦痕迹保留。

作者在每一次对文章内容进行修改并保存后，系统都会保留修订的痕迹；查看每一次修订时，修订的内容会高亮显示，并支持修订回滚作业。

⑧文章审批。

系统能够支持文档灵活审批，实现串联、会签、并联等审核方式。能提供催办、督办监督功能，当超过指定时间时，系统可以按照用户的定义给指定的人自动发送消息。

⑨文章导出。

写作完成后能够导出已编辑好的文章，支持 Word、PDF 等文档格式。

三、数字化写作的发展趋势

（一）数字化写作的发展历程

数字化写作的发展历程可以分四个阶段，分别是伪原创阶段、辅助创作阶段、命题创作阶段、全自动创作阶段。

1. 伪原创阶段

早期的机器写稿或者人工智能创作的第一阶段是在站长为王的时代，一些创业者为了提高内容的运营效率、批量化地进行网站管理，同时为了兼顾内容的“唯一性”，使用了诸如“火车头批量采集工具+伪原创插件”的方式进行批量的内容“创作+发布”，并且每个网站看起来都不一样。

2. 辅助创作阶段

近几年随着云服务和大数据的兴起，全网抓取内容的技术已经实现，并且能够从其中找出一些内在的规律来帮助“创作”。市面上也有一些特定领域上线了细分领域的创作辅助工具，帮助作者进行“套路化”的创作，比如玄派网的武侠小说体系，就可以从情节、门派招式名称、对话、人物描述等方面进行半自动和辅助创作。

在金融领域各大通讯网络，则依托其海量的上市企业数据库，每天根据股市的涨跌情况，来批量自动化地生产、推送内容，目前中、美等领先国家都处在这个阶段。

3. 命题创作阶段

数字化写作的第三阶段是指AI根据我们指定的行业名称、关键信息点、事件模型、人物关系等元素来自动抓取生产新闻甚至是一些分析评论文案，同时也可以设定一些不同题材的文本来进行创作，无论是什么样的文案类型，AI写作机器都能够轻松驾驭。这个阶段主要是借助了互联网以及人工智能的基础，高质量高效率的生产文案。

4. 全自动创作阶段

全自动创作阶段是非常久远的第四阶段，目前暂时无法预测出能够实现的年限。但可以想象，当到了这个阶段，AI智能写作机器能够实现全自动，创作任何可能的内容。

不受人类的限制时，那么AI智能写作也会遇到新的问题。相比于技术的实现，不受人类控制所导致的法律、社会伦理和道德的约束将会更大，如何在全自动创作及社会需求上寻找平衡，是一个有待商榷的难题。

（二）数字化写作的技术现状

1. 数字化写作的基础

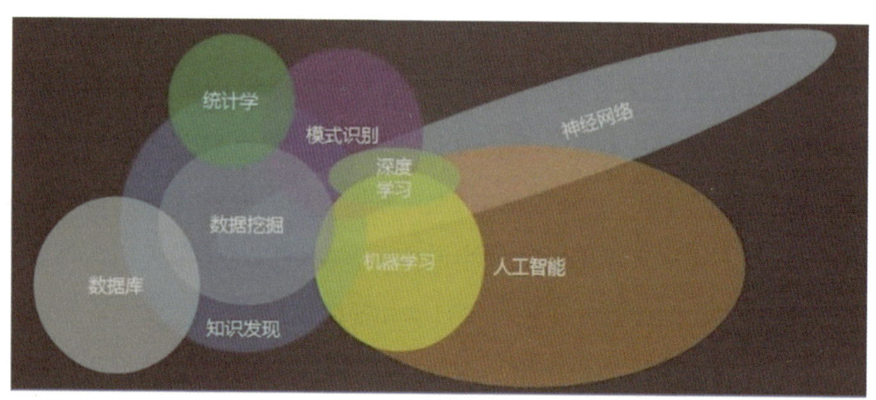

图 7—9　AI 相关领域关系图

数据、算法和算力是人工智能中不可或缺的重要部分，2012 年以后，得益于数据量的上涨、机器学习新算法（深度学习）的出现和运算力的提升，人工智能市场正在大力发展。

数据方面：由于人工智能市场的爆发，数据的量也在不停增加，并为人工智能的实现提供了大量的资料。市场调研机构 IDC 在 2018 年预计，到 2020 年，全球数据总量将达到 40ZB，我国数据量将达到 8.6ZB，占全球的 21% 左右。

算法方面：深度学习的出现突破了过去机器学习领域浅层学习算法的局限，颠覆了语音识别、语义理解、计算机视觉等基础应用领域的算法设计思路。

算力方面：GPU、NPU、FPGA 等专用芯片的出现，使得数据处理速度不再成为人工智能发展的瓶颈。

2. 数字化智能写作

智能写作现阶段可以理解为“不懂装懂”，人工智能通过大数据分析，学会了可以将某些词句连接起来使用，但其实其中的意义，人工智能的机器并不了解。目前市面上有两种常见的 AI 写作。

第一种是 AI 新闻时事类写作，核心场景是在内容平台通过人—机混编的方式，机器帮助编辑（内容创作者）减少重复劳动，提高生产效率。如今日头条的 xiaomingbot、腾讯的 Dreamwriter、百度的 writing-bots。

第二种是 AI 人文类写作，目前比较成熟的是写诗，如微软的对联、诗人小冰、清华研究的「薇薇」。从目前的 AI 作诗产品本身的应用来看，似乎没有更进一步的商业想象空间，还停留在技术探索的阶段。

数字化写作的应用案例

案例 1：看图创作

2017 年 5 月，微软公布，小冰学会了“看图创作现代诗”的新技能，在技能未正式面向公众开放之前，小冰首先推出了原创诗集《阳光失了玻璃窗》(由湛庐文化出版)，这是人类历史上第一部 100% 由人工智能创作的诗集。微软小冰将 1 亿用户教会她的人类情感譬如寂寞、悲伤、期待、喜悦，通过 10 个章节以诗词的形式展现在诗集里。

2017 年 7 月 5 日，微软（亚洲）互联网工程院（以下简称“微软工程院”）发出公开信，宣布由其研发的对话式人工智能产品小冰，看图创作现代诗的新技能正式面向公众开放。

案例 2：写作系统

2018 年京东推出了名为“莎士比亚”的 AI 写作系统，一秒钟可以“写”出千条文案。据称，这套系统在借鉴传统 NLG 和语言模型方法的基础上，基于该平台自身积累的大数据，从句子层面做结构解析、训练模型和语言生成，并结合用户不同的需求选择不同文风，快速写出文案。业内人士调侃称，轮到编辑“下岗”了。

（三）数字化写作的特点

1. 智能写作规律定制成文

传统写作，也包括新媒体写作，面对的都是成千上万的读者，是不可能为单独某个人定制文章的，一是因为成本太高，得不偿失；二是因为作者无法掌握单个读者的认知偏见特征。

当然，目前市面上的写作机器人也还做不到这一点。但现在的 AI 写作已经较智能了，它们能处理各种写作主题，会自行到网上查找与之相关的资料，并且根据一定的规律写出文章，而用这个方法写出来的文章大部分人甚至都看不出这是由 AI 写作制造出来的。根据所掌握的某人的认识偏见，AI 很容易为他量身定制文章。

2. 智能写作高效化

针对一些时效性较强，内容较为单一的文案，AI 写作能够为人类写作减少很多的压力。譬如新闻机器人，在“九寨沟地震”出现机器人新闻以前，新闻机器人就已被世界上的主流媒体关注并加以使用。

国外的智能写作工具有美联社的 WordSmith，《华盛顿邮报》的 Heliograf，以及《纽约时报》的 blossom 等。

国内的则有新华社的快笔小新、腾讯的 dreamwriter、第一财经的 DT 稿王等。

人类记者面对庞大的数据进行分析，费时耗力自不必说，太庞杂的数据如果运用人工进行计算，十分容易出错，难以进行良好的处理。而新闻机器人依托算法，可以实现信息的快速处理，且新闻机器人不需要媒体为其支付工资，新闻生产形成全自动化，帮助加快新闻生产的速率，节省新闻生产的成本。

第8章

政策研究的范式

一、范式的基础概念

二、企业政策研究的特征要求

三、政策研究过程设计

四、政策研究基于的哲学原理

好文稿是写出来的，更是研究出来的，是通过采用科学的、系统的、规范的研究理论、标准、过程、方法、工具等研究形成的。可以说，政策研究是文稿起草的必经之路，也是文稿起草人员的必备技能，这也正是党政机关和国有企事业单位要把文稿起草部门称为“研究室”的原因。

本章将重点介绍服务综合性文稿写作的政策研究范式，主要包括四部分内容：一是范式的基础概念，通过系统梳理社会科学研究的方法论体系，明确定义政策研究范式的范畴；二是企业政策研究的特征要求；三是政策研究过程设计，提出“十步法”；四是政策研究的常用理论，重点梳理政策研究实践中常用的马克思主义哲学原理、辩证思维基本原理、系统科学基本原理。

一、范式的基础概念

（一）方法论体系

根据抽象化程度和适用范围，方法论体系可分为四个层次：哲学方法论、一般科学方法、自然科学方法论 / 社会科学方法论、具体学科方法。

1. 哲学方法论

哲学方法论是指哲学作为世界观为人们提供了认识和改造世界的一般方式和原则。哲学方法论是方法论体系的顶层，是最高层次的方法论。哲学方法论包括如下主要内容。

一是辩证思维方法和辩证分析方法。例如，从联系和发展的视角看问题，从事物起源来确定其本质的方法，逻辑和历史相统一的方法，抽象和具体相统一的方法，矛盾分析方法，透过现象看本质的方法，定性与定量相结合的方法等。

二是从哲学原理中引出的一般方法。例如，从实际出发、实事求是的方法，具体问题具体分析的方法，理论与实践相统一的方法，经济在社会历史发展中起基础性作用的视角，群众观点和群众路线的方法等。

三是在实践基础上总结概括出来的一般工作方法。例如，我国历代领导人在革命、建设和改革等不同时期总结出来的工作方法和行动准则。毛泽东提出的实事求是、一切从实际出发、走群众路线、理论与实践相结合的方法，没有调查就没有发言权的方法，“解剖麻雀”、抓主要矛盾和矛盾的主要方面的工作方法等。邓小平强调的解放思想、实事求是、不靠本本、不照搬别国模式、不搞争论、“不当收发室”、拿事实说话的工作方法，抓住时机、大胆试验的实践方法，注重实际、群众检验、讲求实效的评价方法等。

四是具有普遍意义的一般创新性方法。例如，头脑风暴法、批判性思维法、逆向思维法、联想思维法、发散思维法、求异思维法、德尔菲法、信息交合法、卡片式激励法、科学问题哲学解释法等。

2. 一般科学方法

一般科学方法仅次于哲学方法论，位于方法论体系的中上层。与哲学方法一样，一般科学方法也是一种普遍性方法，适用于自然、社会和思维等所有领域。但是，一般科学方法并不像哲学方法论是用来认识和改造世界的，只能从某个特定的角度在一定程度上描述或说明这个世界。像哲学方法论一样，它对于较低层次的自然科学方法论和社会科学方法论以及更低的具体科学方法，也具有指导作用。

一般科学方法包括系统方法、信息方法、逻辑方法、数学方法等。其中，逻辑方法和数学方法是传统的学科方法，而系统方法和信息方法则是较新的科学方法。这些方法普遍适用于所有学科领域，是对各种具体方法的概括和总结，也是哲学方法的具体化或操作化。一般科学方法是一个开放的方法系统，随着跨学科研究的不断发展，将有更多的一般科学方法问世。与此同时，一般科学方法如系统方法在被哲学充分消化后，可以上升为哲学方法论。可以说，一般科学方法是哲学方法论的一个重要的生长点或孵化器。

3. 自然科学方法／社会科学方法

自然科学方法与社会科学方法一样都属于特殊知识大类领域的方法论。在整个方法论体系中，自然科学方法与社会科学方法“平起平坐”，居于科学方法论和一般科学方法之后，属于第三层次。一方面，自然科学方法（社会科学方法）可视为更高层次哲学方法论在自然科学领域的具体应用，自然科学方法（社会科学方法）要接受哲学方法论和一般科学方法论的指导。另一方面，自然科学方法（社会科学方法）又同具体学科方法相区别，它是后者的概括和总结，对后者具有一般性指导意义。哲学方法论通过自然科学方法（社会科学方法）这一桥梁对具体学科方法进行指导，并通过这一桥梁从自然科学（社会科学）中汲取思想营养，以丰富和发展自身。

自然科学方法是关于自然科学研究应该采取的基本原则、程序和标准的理论。自然科学方法把自然界看成是一个由因果关系和规律所支配的世界，研究者的职责是去发现或揭示这些规律。社会科学是在自然科学直接影响下而建立起来的。发展初期，社会科学直接移植了自然科学方法，提出社会科学方法与自然科学方法的统一性问题。20世纪30年代，维尔纳学派提出“统一方法论”口号，试图用自然科学方法来统摄整个知识领域。尽管社会科学方法后来提出了自己特有的定性方法论和混合方法研究，但是并没有从根本上改变用事实证据说话这个基本的实证取向。

4. 具体学科方法

具体学科所使用的特殊方法是最低层次的方法，以特定学科领域的特殊规律为研究对象，特点是专门性。具体学科方法主要涉及研究所使用的具体技术或工具，如实验方法、观察方法、统计分析法、比较方法、访谈法等。具体学科方法接受哲学方法论、一般科学方法和科学方法论的指导，将科学方法的普遍原理与特定专业的专门技术结合起来，从而形成具体学科特有的研究方法。

具体学科方法由学科的性质决定。物理学和化学主要使用受控实验方法，天文学使用观察和计算方法，生物学使用概率论和计算方法，医学关注简约模型运用。社会科学由于很难做到对人行为的实验控制，一般很少用实验方法。例如，历史学研究人的思想、行为和反应，需要再现历史事件，就不能使用观察和实验，只能收集史料和其他证据，使用归纳方法来概括出某些规律性的东西。社会人类学由于涉及连续性和演进，就要使用比较方法，通过比较排除不相干的条件或因素，从而勾勒出社会制度连续进化的不同阶段。

（二）社会科学研究范式

1. 范式（paradigm）

范式概念由托马斯·库恩于1963年在其著作《科学革命的结构》中首次提出，但其本人并没有直接给范式下一个明确的定义。根据库恩对范式的解释和说明，有学者认为库恩所说的范式是常规科学赖以运作的理论基础与实践规范，是包括定律、理论、标准、方法等在内的一整套信念，是某一科学学科的世界观，决定了科学家观察世界的方式。

目前，学界对范式概念的界定仍众说纷纭。结合学界主流观点，以及政策研究与应用实际，本书中我们将范式的范畴明确为包括研究过程、研究方法论、研究方法和工具等在内的一整套研究体系。

2. 社会科学研究范式

有学者认为，社会科学研究范式主要分四类：实证主义、后实证主义、批判理论、建构主义。总体看，这些理论范式主要从本体论、认识论、方法论三个方面对所关注问题进行探讨。如，本体论方面，要回答"真实性"问题："现实的形式和本质是什么？事物到底是什么样子？如何运作？"认识论方面，探寻"知者与被知者的关系"，即"知者如何认识被知者？"方法论方面，主要解决"研究者是通过什么方法发现那些他们认为是可以被发现的事物的？"等问题。

实证主义。起源于经验主义哲学，是"朴素的现实主义"。实证主义遵循自然科学的思路，认为事物内部和事物之间必然存在着逻辑因果关系，对事物的研究就是要找到这些关系，并通过理性工具对它们加以科学的论证。量化研究就是建立在实证主义理论基础上的，其重要前提是：研究对象不依赖研究者而独立存在；事物本身具有内在固定的、可以重复发生的规律；事物的量化维度可以用来考察事物的本质。因此，量化研究不考虑研究者对研究对象的影响，而主要关注操作工具的科学性和规范性。

后实证主义、批判理论、建构主义等三种范式，是对科学理性主义的一种反动，提出研究过程是一个知者和被知者相互参与的过程，知者看问题的角度和方式、探究时的自然情境、知者与被知者的关系都会影响研究进程和结果。其中，在本体论上，后实证主义、批判理论都认为存在一个客观的现实，建构主义持相对主义的态度，不认为存在唯一的、固定不变的客观现实；在认识论上，后实证主义认为知者可通过相对严谨的方法对被知者进行"客观"了解，批判理论和建构主义认为理解是一个交往、互动的过程，须通过双方价值观念的过滤；在方法论上，后实证主义采取自然主义的做法，强调在实际生活情境中收集"真实”资料，批判理论和建构主义强调研究者与被研究者之间的辩证对话，通过互为主体的互动达到一种生成性的理解。

（三）社会科学研究方法论

目前，社会科学研究方法论主要分如下三种。

1. 量化研究方法论

量化研究，也称定量研究。社会科学研究长期受实证主义影响，一直重视量化研究，出现了计量经济学、定量社会学、定量政治学、定量史学等研究方向。量化研究的主要特征如下。

一是以实证主义方法论为基础，强调研究方法的科学性。实证主义方法论者主张，社会科学与自然科学在研究方法和研究程序上是一致的，只有科学统一的研究方法才能获得可靠的知识。

二是强调研究的目的是对社会现象做出因果解释，寻求普遍的因果关系定律。因果解释通常借助于数理模型的分析路径。要求预先提出研究假设，然后通过系统的量化数据去验证假设，做出理论分析。

三是把研究过程看作客观表征，认为研究者的角色只是去做客观呈现，即研究者通过科学方法以合理的形式“准确呈现”外部世界的客观现实，获取真理性或本质性知识。

四是主张运用数学统计技术进行量化分析，即在研究语言和技术上追求严格的量化分析，重视数理统计方法的应用。

2. 质性研究方法论

质性研究，也称定性研究。区别于实证主义下的量化研究，质性研究是一种对世界的解释性的、自然主义的方式。质性研究者是在事物自然背景中来研究它们，根据人们对现象赋予的意义来理解或解释现象。主要特征如下。

一是以解释主义或建构主义方法论为基础，强调社会研究的独特性。社会研究是对人类社会世界进行自然主义的解释性、建构性分析。

社会研究的现象极不同于自然现象，强调对社会现象所具有的或建构性的社会文化意义进行理解或解释。

二是质性研究者强调社会现实意义的建构性，认为社会研究不能脱离具体的社会文化情境去做所谓的客观分析。社会研究难以获得统一的规律性认识，强调对社会现象做具体深入的分析。

三是把社会研究看作研究者参与的实践构建过程，认为研究不是简单“发现”真理性的客观知识，而是研究者在一定的社会文化情境下“制造知识”的过程。质性研究者强调研究者与所研究对象之间的密切关系，强调研究问题受情境的限制，强调社会经验是如何被创造出来并被赋予意义。与此相反，量化研究强调变量间因果关系的测量和分析，而不是过程。

四是质性研究形成了一些特定的研究方法。例如，个案研究、生活史、深度访谈、扎根理论、民族志、“深描”、叙述法、文本和话语分析等。但质性研究并没有完全属于自己的一套独特方法或实践。质性研究者所运用的方法，既有符号学、叙事法、文本法等质性分析技术；也有统计、图表技术，而且广泛地运用现象学、诠释学、解构主义、精神分析和文化研究等方面的分析路径。

3. 混合研究方法论

混合研究，被视为一种新的方法论，得到越来越多关注，混合研究试图消除量化研究和质性研究之间的鸿沟，寻求“第三条分析路径”。但是，混合研究并非是量化研究、质性研究的简单调和，而是具有自己的一套分析逻辑或程序。

它主要从实用主义角度出发，强调根据研究问题、研究性质选择和运用合适的研究方法。按照美国方法论学者塔沙克里和特德莱的观点，混合研究方法论具有如下基本特征：一是方法论的折中主义，反对质性研究与量化研究的二元对立；二是研究范式的多元主义，认为混合研究可运用不同的哲学观；三是强调研究活动层次的多样性；四是强调研究方法的一体连续性，反对方法上的对立；五是把研究看作一种可循环的方式，在同一研究中既包括演绎逻辑，也包括归纳逻辑；六是强调研究方法的选择要根据研究问题的需要而定；七是有一套“特定的”研究设计和分析程序，如“平行混合设计”；八是在“第三方法论共同体”内倾向于均衡和调和立场；九是运用视觉呈现法（如图表）和常用复合系统。

（四）社会科学研究类型

社会科学研究可根据其研究类型采用相应的研究方法和研究途径。同时，也只有明确了所研究课题的研究类型，才能选出最佳的研究方式和分析手段。根据研究性质、研究目的、研究时间等方面可划分如下研究类型。

1. 理论性研究和应用性研究

根据研究性质，社会科学研究可分为理论性研究与应用性研究两种。理论性研究，是指以揭示某种社会现象的本质及规律为主要目的的研究。理论性研究属基础研究，目的主要在于拓展人们的认识或知识。应用性研究，是指为提出解决某种社会问题的具体方案而进行的调查研究，研究本身是为了应用。

理论性研究和应用性研究在研究目的上存在区别：理论性研究是在有关理论的基础上进行的拓展和延伸，需要有明确的研究假设，在研究过程中检验假设，以此来发展理论；应用性研究有明确的应用目的，不关注如何发展并完善理论，只关注搜集必要信息并以此得出解决问题的有效措施和方案。两者之中，理论性研究是基础，应用性研究离不开理论支持，而应用性研究可对发展新的理论做出贡献。因此，两类研究都是必不可少的。

2. 描述性研究、解释性研究和预测性研究

根据研究目的，社会科学研究可分为描述性研究、解释性研究和预测性研究。

描述性研究，是对社会现象的状况、过程和特征进行客观说明，阐明所研究的对象是什么样的，是一种说明性研究，研究前没有明确的研究假设。当需要对研究对象有一个大概了解时，或者说在某个问题研究的初始阶段，往往采用描述性研究的方法，运用归纳分析的逻辑。

解释性研究，不同于描述性研究，是对研究对象做出解释的一种研究方式。如果描述性研究是回答“是什么”，那么解释性研究则是回答“为什么”。解释性研究一般具有明确的研究假设，即在正式研究之前，先提出对社会现象原因的尝试性回答，研究目的是利用收集的信息对研究假设进行证实或者证伪。例如，在了解基层员工对改革的满意度之后，开始探讨形成这种满意度的原因，就是一种解释性研究。解释性研究的分析方法有很多，如因果分析、功能分析、量化分析、历史分析等。

预测性研究，是有前瞻性质的社会科学研究，主要目的是说明研究对象将来的状态，其研究的基础是描述性研究和解释性研究，只有在对研究对象的现状、发展变化的规律及因果链条有比较明确了解的基础上，才能对未来状况进行科学预测。例如，分析未来一年用电需求，据此安排当前的规划、生产、服务等，就属于预测性研究。要想提高预测的客观性、准确性，就需要了解客户用电现状、能力，以及背后的原因，在此基础上分析用电需求变化规律和趋势，进而对未来进行客观的论证。由于人类社会行动不同于自然过程，有很大的可塑性和应变性，因而，社会科学预测的难度很大。

3. 横剖研究和纵贯研究

根据研究的时间维度，社会科学研究可分为横剖研究和纵贯研究。

横剖研究，是在某个特定的时间对研究对象进行横断面的研究，即

以某一个时点为准，调查各类研究对象在该时点上的状况。横剖研究的目的之一是进行横向比较，目的之二是对某一时点的状况进行说明。例如，全国性人口普查需要掌握的是在某个时点全国的人口总量，是一种横剖研究。因为人口是不断变化的，如果调查时间拖得太长，那么就难以对人口现状进行客观说明。

纵贯研究，是在不同的时点或较长的时间内对某种社会现象的观察和研究，研究侧重于探讨社会现象的发展变化过程，又分趋势研究、同期群研究和跟踪研究等形式。趋势研究，是针对研究对象随时间变化进行的研究。例如，跟踪某一项改革政策的效果随时间变化的研究。同期群研究，是对同一时期、同一类型的群体随时间推移而发生变化的研究。例如，以“70 后”员工作为研究对象，开展相关方向的研究。跟踪研究，是对同一批研究对象随时间推移而发生的变化进行的研究。与趋势研究的区别在于每次研究都用同一个样本。例如，调查同一批人在企业改制前和改制后的变化。

二、企业政策研究的特征要求

政策研究，是对政策的本质、特点、作用以及政策产生、发展、制订和实施规律的研究分析，其目的是揭示各类政策制订和实施过程中固有的一般规律，提高政策的准确性和效益性，避免政策失误。企业政策研究，是服务和支撑企业领导人员研判政策趋势、发现政策机遇、规避政策风险、实现科学决策的重要方式。

（一）从企业属性看企业政策研究的特征

企业属性决定了企业政策研究必须牢牢把握的正确方向。对于国有企业特别是中央企业而言，一方面企业政策研究在谋划企业经营发展之上，心系“国之大者”，充分发挥企业对党和国家事业发展的贡献；另一方面，在纷繁的哲学方法论中，应坚持学习马克思主义哲学，掌握马克思主义的方法论，熟练运用马克思主义的科学研究方法，并重视借鉴和吸收现代科学方法论。

（二）从研究性质看企业政策研究的定位

立足于企业发展实际，企业政策研究的性质主要为应用性研究，并辅以一定的探索理论性研究。企业政策研究中的应用性研究，属于解决现实问题的对策性研究，重点是应用基础研究的理论结果解决企业及行业发展面临的挑战，以及难点、痛点和堵点问题。企业政策研究中的理论性研究，是应用性研究的延伸，并以应用性研究为基础进行政策理论的深入探索。基于政策研究性质定位，企业政策研究应重视研究工作的实践性，在实践中发展理论，推动理论创新。

（三）从研究设计看企业政策研究的复杂性

复杂性是非线性、不可逆性、不确定性、标度无关性、自相似性、模糊性等复杂属性的总称。企业政策研究具有非常鲜明的“复杂性”特征：一是研究对象为经济、政治、社会、企业、市场等多学科交叉的复合系统；二是研究方法为定性判断与定量计算相结合、微观分析与宏观综合相结合、还原论与整体论相结合、科学推理与哲学思辨相结合的方法；三是研究目的不仅仅是对客观事物的描述（描述性研究），而是更着重于揭示客观事物构成的原因及演化历程（解释性研究），并力图准确地预测其未来发展趋势（预测性研究），为企业经营发展提供策略建议。

（四）从研究效用看企业政策研究的整体性

整体性，是若干组成要素的“非简单加和性”。以南方电网公司为例，公司所在的电力行业是国民经济重要的基础行业，受国民经济运行多方面影响。企业政策研究成果的应用，涉及多个领域、多个专业学科。一项政策研究成果在子系统看来合理，但在系统范围内却可能具有整体的负效应，这时就会出现政策的被迫萎缩。拿企业改革来说，也同样涉及多个部门、多个单元、多个子系统，所有部门改革、单元改革、小系统改革的叠加，并不等于企业整体效益的优化。由此，企业政策研究必须从宏观上总体把握社会科学研究对象，通盘考虑，统筹谋划，突出政策研究的系统性、整体性。

三、政策研究过程设计

政策研究过程，是基于特定政策研究目标的研究路径与操作步骤。研究过程的科学性、规范性是提升企业政策研究质量的重要基石。研究过程需要有一系列明确的研究路径和操作步骤，不同的研究路径意味着不同的研究流程。结合企业政策研究的特征与要求，以及社会科学混合研究、量化研究、质性研究方法论特点，提出政策研究过程“十步法”，以规范政策研究设计，促进提升研究成果质量。

具体地，政策研究过程“十步法”主要包括：研究问题确定、相关文献综述、概念操作与研究假设、研究设计、研究对象确定与抽样、研究资料收集、研究资料分析、研究理论建构、研究质量评估、研究报告撰写。其中，有些步骤可以同步并行开展，如研究问题确定与相关文献综述，研究资料收集与分析等。

（一）步骤一：研究问题确定

研究问题，是研究工作的出发点与落脚点。明确研究问题，是研究过程中最重要的步骤之一，是研究过程展开的必要条件，后续的研究工作都是在研究问题确定的基础上延伸出来的。同时，政策研究的全过程，本质上也是对研究问题的深入思考、不断认识、正确回答的过程。

在清楚、明确定义研究问题之前，就匆忙地收集资料，这种做法尽管是可行的，但却不是有效的。因为这样做的结果常常是收集的资料中，很多是无用的、残缺的，甚至是错误的。政策研究人员应该养成首先将问题内涵明确化的好习惯，确定一个有价值、有新意、切实可行的研究问题，为政策研究过程顺利推进，以及政研成果质量奠定基础。

1. 研究问题的主要分类

基于不同维度，可以对研究问题进行解析与分类。常见的分类方法与标准主要如下。

（1）概括性问题和特殊性问题。

概括性问题，是指向某一特定人群、对其具有一定普遍意义的问题。抽样方法是从这个特定人群中抽取有“代表性”的样本进行调查。

特殊性问题，是指一个特殊的个案所呈现的问题，研究只对个案本身进行探讨。

例如，如果我们对“十三五”期间我国南方五省区（包括广东、广西、云南、贵州、海南）电力规划建设情况比较感兴趣，希望对南方区域的电力规划建设的进展、存在的问题等进行研究，那么我们提出的问题就是一个概括性问题，因为我们主要关心的是整体的一般情况。而如果我们首先选择一个省区（如广东）进行个案研究，了解这个省区电力规划建设发展的情况，并不特别关心广东的情况是否代表南方区域其他省区的情况，那么我们提出的问题就是一个特殊性问题。

（2）差异性问题和过程性问题。

差异性问题，探讨的是事情的异同，将研究的重点放在事情的相同点和不同点，以及它们之间的相互关系上面。比如，“公司员工对公益活动是否支持？”就是一个差异性问题，寻求的答案是“是”或“否”。

过程性问题，探究的是事情发生和发展的过程，将研究的重点放在事情的动态变化上面。比如，“一线员工在提升供电服务水平中发挥了什么作用？”就是一个过程性问题，目的是了解员工在这个过程中做了什么、如何做的、起到了什么作用。

一般来说，差异性问题比较适合定量研究，过程性问题比较适合定性研究。差异性问题涉及的变量通常较少，可用计量方法进行研究。如果在定性研究中过于专注差异性问题，很容易导致对社会现象进行人为的分割，将事情简化为各种变量及其相关关系，忽略事物的复杂性、动态性。而过程性问题注重研究情境对研究现象的影响，考察研究现象在具体情境下的动态过程，因此比较适合定性研究。

（3）描述性问题、解释性问题、理论性问题、推论性问题、评价性问题。

描述性问题，主要是对社会现象进行描述，如：“深圳供电局是如何安排员工培训的？”

解释性问题，是从当事人的角度对特定社会现象进行解释，如：“深圳供电局培训举措对新员工意味着什么？”

理论性问题，是对特定社会现象进行理论上的探讨，如：“公司高质量发展举措对公司治理理论有何贡献？”

推论性问题，是为探讨此研究结果是否适合其他类似的情形，如：“深圳供电局培训举措是否适合公司其他二级单位？”

评价性问题，是对研究现象进行价值上的判断，如：“深圳供电局培训举措好不好？”

一般来说，对于描述性问题和解释性问题多采用定性研究，因为这两类问题可以对现象的本质和意义进行探究。而理论性问题容易先入为主地将前人理论生搬硬套到研究的现象上面，使用时应特别谨慎。推论性问题和评价性问题较少采用定性研究，因为定性研究不强调对研究结果进行推论，也不贸然对研究结果进行价值评判。

（4）比较性问题。

比较性问题，是就一个（或一类）以上的人或事进行比较研究。

比较性问题的研究难度较大，很容易使研究者刻意寻找具有可比性的资料，而忽略那些可比性较差、但对理解该研究现象十分重要的资料。

（5）因果性问题。

因果性问题，是对事情的前因后果直接进行探寻、以“为什么”开头的研究问题，比如，“为什么企业新员工辞职率上升？”

一般来说，因果性问题多采用定量研究，而较少采用定性研究。研究的现象可能非常复杂，一件事情之所以发生不一定能必然地追溯到导致该事物发生的具体原因。而且，一个果可能由数个因导致，一个因也可能导致数个果的出现。如果过分热衷寻找事情的因果关系，可能会忽略事情的复杂性、动态性和无逻辑性。比如，“员工辞职”这个“果”可能有很多辛酸的故事和复杂的情节，不能被简单归纳为几条明确的“因”(如“工资低”“无住房”“不受重视”等)。

2. 定义研究问题的一般原则

确定研究问题时，缺乏经验的研究者最容易出现的情况，就是常常会选择一个比较大的、宽泛的，或是比较笼统、比较模糊的问题，甚至是某一类社会现象或社会问题，而不是一个明确、具体的研究问题。要使最初的、粗略的、一般性问题，转变为焦点集中、切实可行的研究问题，就必须坚持研究问题明确化的一般原则。

（1）重要性（significance)。

重要性，是指研究问题所具有的意义或价值。

我们所开展的任何一项研究工作，首先必须具有某种意义或价值，或者说“值得去做”。对于不同的研究问题，意义或价值有大有小。同时，它既可以是理论方面的，也可以是实践方面的，或者是理论与实践两方面兼而有之。在研究问题确定时，研究团队需要认真思考所聚焦的一个（或多个）“具体问题”的重要性。

（2）创造性（creativity or innovation）。

创造性，也称创新性或独特性，是指研究问题应具有某种新的东西、某些与众不同的地方，具有自己的特点。

最具创造性的研究问题是全新的、没有人探讨过的问题，即“填补空白”的问题。然而，在企业政策研究中，一个完全无人涉足的现象或问题几乎是不存在的。所以，对多数研究者来说，一个研究问题具有创造性，更多是指该问题在研究思路、研究角度、依据理论、研究对象、采用方法、研究内容等某一方面或某几方面，与前人的研究有所不同，有自己独到、新颖的地方。例如，一个研究者看到前人做过“省会城市能效水平研究”后，选择做“中小城市能效水平研究”，或者选择做“农村地区能效水平研究”，这就在研究对象上有了创新性；如果选择做“省会城市能效水平评价标准研究”，这就在研究内容上有了创新性；如果前人所研究的是某一特定时期的问题，比如“十二五时期省会城市能效水平研究”，那么，我们可以选择不同时期的这一现象或问题进行研究，即可以选择“十三五时期省会城市能效水平研究”。当然，选择研究问题的“与众不同”要有明确的目的，要根据理论或实践的价值和需要，不能单纯地为不同而不同。

（3）可行性（feasibility）。

可行性，指的是研究者是否具备进行或完成某一研究课题所需要的主、客观条件。

许多情况下，越具有重要价值和创新性的研究问题，所受到的主、客观限制往往越多，可行性越差。一是主观限制，主要指研究者自身条件的限制，包括研究者在生活经历、知识结构、研究经验、组织能力、操作技术等方面的限制，甚至还包括研究者性别、年龄、语言、体力等纯粹生理因素方面的限制。二是客观限制，主要指研究时受到的外在环境或条件的限制。如研究时间、研究经费、有关文献资料涉密，相关对象、单位和部门不支持，研究问题违反国家政策法令，或违反社会伦理道德，或与被研究者的生活习俗、宗教信仰违背等。

（4）合适性（suitability）。

合适性，是指所选择的研究问题适合研究者的特点。

研究者特点主要包括对研究问题的兴趣、对与研究问题相关的社会领域的熟悉程度、与所研究对象之间的相似性程度，以及研究者具有的资源、条件与该问题的要求相符合的程度等。合适性与可行性不同，可行性是研究的“可能性”问题，合适性是研究的“最佳性”问题。

综上，四条标准相互联系，逐步递进。其中，重要性是基础，创造性是在基础上提出的新的标准；可行性是问题选择中的决定性标准；合适性是在前三条标准基础上提出的更进一步要求。四条标准层层深入，从不同侧面，将一个理想的研究问题，从最初众多不成熟的想法、思路和问题雏形中，逐渐分离出来。

3. 确定研究问题的主要方法

确定研究问题，也称研究问题明确化，是指通过对研究问题进行某种界定，给予明确的陈述，以达到将研究任务中比较含糊的想法、比较模糊的问题，变成清楚明确的研究问题；将最初比较笼统、比较宽泛的研究范围或领域变成特定领域中的特定现象或特定问题。

（1）缩小问题的内容范围。

研究问题明确化，可以先将宽泛的问题转化为狭窄问题、将一般性问题转化为特定问题，不断缩小问题的内容范围。

例如，“配网问题”是一个十分宽泛的问题领域，其内涵并不是某一个具体研究所能涵盖的，通常可以选择其中一个方面进行研究，限制和缩小问题的内容范围，诸如“配网规划问题研究”或“配网运维问题研究”等类似问题。

（2）清楚明确陈述问题。

陈述研究的问题也是使研究问题明确化的重要一步。无经验的研究者常常意识不到问题陈述所具有的重要性。好的问题陈述具有三个特征：所陈述问题须在研究者能力范围之内；陈述问题既不能宽泛，又不能微不足道；恰当地定位研究问题类别。对问题陈述时应重视考虑如下方面。

一是问题陈述必须清楚明白，同时最好能运用变量语言，且采用提问形式。比如，“政研培训班是否显著提高了学员的研究能力？”一个常用且有效的提问形式：“现象（或变量）A 与现象（或变量）B 之间存在什么关系？”比如，“科研院技术专家数量与创新能力之间存在什么关系？”

二是除单纯描述研究外，问题陈述须至少包括两个变量。比如“参加培训班”与“研究能力”两个变量；“专家数量”与“创新能力”两个变量。只有一个变量的问题陈述通常为描述性研究的问题。比如：“当前员工的职业意愿。”

三是问题陈述必须有不止一种回答。只有一种答案的问题陈述是不合格的。比如员工职业意愿研究的结果可能是“金钱导向”，也可能是“权力导向”，还可能是“声誉导向”。

（二）步骤二：相关文献综述

文献综述，是研究过程的第二个重要步骤，是在特定研究问题所涉及的领域内查找、阅读和评述著作、论文、报告等各种相关研究文献的过程。文献综述主要基于两个预设，即：知识是积累起来的；研究不可能在虚无中产生，新研究总是以已有研究成果为基础。实际中，很多研究者不重视文献综述，不愿投入较多时间与精力。一个好的文献综述通常要 3-6 个月或更长时间，而有的研究者往往只用一个星期，甚至一两天就草草结束了。

1. 文献综述目的

文献综述的主要目的有四个。

（1）避免进行重复研究。

通过评述现有的研究文献，可以弄清在研究问题的范围内，有哪些相关理论、哪些研究发现、哪些研究已完成、哪些研究尚无定论或无人探究。由此，可避免盲目研究和重复研究。

（2）发现最新的前沿研究问题。

通过文献综述可以发现研究空白，将自己的研究置于前人研究的情境中，并为自己的研究开拓空间。这些研究空白往往是最新的前沿研究问题。在实际文献查阅中，研究者可重点关注研究文献最后部分关于需要进一步探讨的问题和研究建议，应认真思考这些问题建议，因为它们是研究者对某个问题进行了大量研究后才获得的见解。

（3）发现可行的研究思路。

通过对既有文献的深入探究，可以发现这些研究思路是如何形成的，又是如何取得进展的。据此，研究者就可以形成自己的研究思路，并界定自己的研究问题。

（4）获得有效研究方法。

在查阅研究文献时，不仅要关注研究文献的结论，还要留意研究所使用的方法。别人多次重复使用的研究方法往往是有效的，这些信息有助于进行新的研究设计。同样，还要注意已被多个研究证明无效的思路。如果多个文献使用同一个研究方法而未产生预期成果，那么就要避免此种研究方法或思路。

2. 文献综述步骤

文献综述一定要按照科学程序来进行，主要有如下四个方面。

（1）查阅初步资料。

所谓初步资料就是与研究问题相关的著作、专业论文、研究报告、文章，以及其他出版物。相关文献的主题索引是文献查找的重要工具，通过查看某个特定研究问题的主题索引，就能找到与该主题有关的所有种类的出版物或研究资料。

（2）利用间接资料。

在查阅初步资料时，会发现其他研究者已经写过与查找问题相关的文献评述。这些评述就是间接资料的例子。间接资料是其他研究者就某个相关问题所写的参考文献。研究者可以利用初步资料来帮助确定是否可以获得相关的间接资料。

（3）阅读原始资料。

一般而言，间接资料评论了许多研究，但并不是详细的。因此就需要去获得、研究与研究问题有关的重要研究项目的最初报告。这些最初报告就被称为原始资料。原始资料是由那些真正做过研究的研究者所撰写的资料，如期刊论文。

（4）评述文献。

在查阅了所有相关的间接资料和原始资料后，就需要分析和评论所了解的内容，以便撰写文献综述。写文献综述的目的是告诉人们对于当前着手研究调查的问题，有哪些是已知的，哪些是未知的。另外，研究者还要弄清当前的研究问题与现有文献的相互关联关系。

当然，上述四个步骤并不是严格按顺序进行的。如果在查阅文献时需要重新修改问题陈述，那么就要循着新的方向进行文献综述。另外，如果研究者发现初步资料所确认的原始资料和间接资料与研究问题陈述仅仅间接相关，就需要回到第一步骤，去寻找更相关的初步资料。

3. 文献综述注意事项

进行文献综述时，应特别关注如下内容。

一是每一个研究的理论框架和研究背景。即了解各个不同的研究分别是从哪一点出发的，它们各自的目标是什么。

二是研究的方法。包括研究对象、研究方式、抽样设计、样本特征、资料分析方法等。

三是研究的主要结果。包括其他相关研究在讨论部分所提出的观点、所作的推论等。

四是自己对该研究的评价。这是十分重要的一点。评价既包括你自己所认为的该研究的特点和独到之处，也应包括你认为该研究所存在的主要不足，特别是在方法上、研究效度或信度上的不足。

五是自问自答。在完成文献综述后，需要对所回顾的全部文献进行一定的梳理总结，并自问自答几个问题。比如，在这一特定的问题领域，先前的研究已做了哪些工作？对于这一特定现象，现有研究涉及哪些理论？已得出哪些基本的研究结论？这些研究总体上还存在哪些相对薄弱的环节？

六是做好记号。文献综述时，对某些重要内容要画上记号，并随手做简要的评论，有助于文献回顾后期的整理和总结。如有时间，还可做些摘录，摘录的原文要注明出处、页码。

4. 文献选择的注意事项

一般而言，政策研究过程中涉及的文献种类较多。文献选择工作，也有一定的难度。通过检索和查找，我们可能会收集到上百篇甚至好几百篇相关的论文、研究报告。要阅读全部这些文献不仅不太可能，实际上也不必要。在文献选择时，可以参考如下因素。

（1）根据学术期刊地位选择。

核心期刊的论文整体水平和质量高于普通刊物的论文；而权威期刊的论文水平和质量又高于一般核心期刊。

（2）根据文献相似性选择。

文献中所研究的变量、所涉及的主要内容、所使用的样本类型、所依据的理论框架与自己的研究越相似越好，相似方面越多越好。

（3）根据发表时间选择。

选择近期研究的原则来源于科学的累积性质。在其他方面情况差不多时，时间越近的研究越有用。因为在理论上，这些研究已经考虑了比其更早一些的研究成果。

（4）根据研究者权威性选择。

根据研究者在该领域中的学术影响，以及是不是权威来选择。因为在每一领域中，总有一些研究者具有一定的知名度，或者是学术声望。当然，此选择标准也有一定偏见，因为所有知名学者都是从不知名成长起来的。

（5）讲话稿、会议纪要等文献选择。

对于政策研究过程中检索得到的研究报告、讲话稿、会议纪要、工作报告等文献，也可以借鉴前述四个标准来确定其重要性，以及阅读的先后顺序。

（三）步骤三：概念操作与研究假设

操作是将抽象的概念转化为可测量的变量，将抽象的假设转化为具体的、经验层次的研究假设。

1. 澄清与界定概念

对于相对粗糙的定义的概念，常常潜在包含着大量不同的成分，而以此组织的资料也具有某些实质性的差异。通过澄清和界定概念，可以有效避免研究过程中出现不同人用同一个概念（词语）来表达不同含义的问题。

政策研究的主要任务，就是建构理论或给出推论、判断，形成观点。理论、判断、观点，均由逻辑要素构成，主要包括概念、变量、命题、假设。其中，概念是对现象的抽象，是构成命题、理论的“砖石”；变量是指存在状态变化的概念；命题是两个以上的概念或变量之间的关系陈述，比如，“若 A 增大，B 也增大”；假设是尚待验证的命题，是两个及以上变量之间关系的尝试性陈述，如“金钱会导致犯罪”可作为一个研究假设，这个假设是否正确要经过验证。

具体操作上，首先要梳理概念定义的范围、分类及异同。在此基础上，可以直接采用一个现成的概念定义，也可以根据具体研究的需要创造一个新的概念定义。

2. 发展测量指标

概念的澄清和界定仅划定了概念内涵的具体范围，若使其转化成能具体观察和测量的事物，还需要对其进行操作化。操作就是将概念转化为变量，并进一步发展为测量指标。发展测量指标，就是寻找与概念内涵相对应的经验指标。

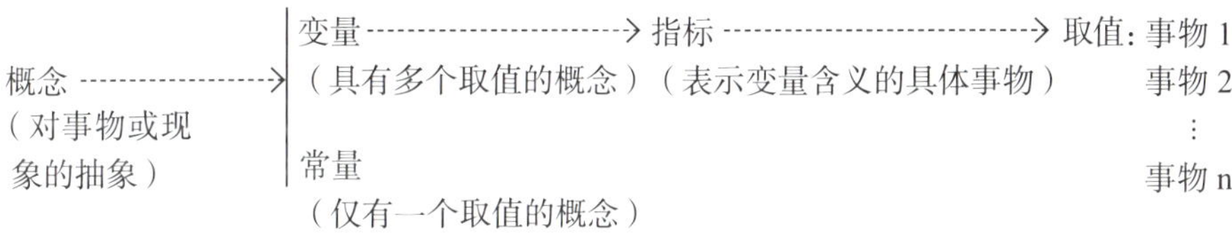

图 8-1　概念、变量、指标关系图

具体操作上，一是列出概念的维度。许多抽象的概念具有若干不同的方面或维度，或者说，一个抽象的概念对应现实生活中一组复杂的现象，而不是只对应一个单纯的、可直接观察到的现象。二是建立测量指标。有些概念的测量指标相对简单。比如，“性别”“文化程度”等。但对于其他比较复杂、抽象的概念来说，发展和建立测量指标相对较难，常用两种方式：第一种方式是寻找和利用前人已有的指标。第二种方式是研究者先进行一段时间的探索性研究，采用实地观察和无结构访问的方式，进行资料收集的初步工作，尤其是与被研究者中的关键人物进行比较深入的交谈（专家访谈），以获得符合实际的答案。

例如，“社会阶级”是一个抽象概念，通过操作化，我们可以用一组指标来测量它，这组指标包括职业、收入、文化程度等。指标的取值即一个指标所包含的子类别。比如，“职业”是测量“社会阶级”的一个指标，它包含工人、农民、教师、干部、商业人员等多个不同的取值。

再如，对于“企业经营实力”这个抽象概念，通过操作化，可以简单定义为资产总额、固定资产投资、营业收入、净利润等一系列可以观察或测量的指标。

3. 研究假设

研究假设是对研究问题的尝试性回答，是用抽象的概念来陈述现象之间的关系，是研究者在进行正式研究前对此问题的一个预设判断。

在对研究问题进行概念操作的基础上，将研究问题进行再次的梳理、归纳、重构，把研究问题逐一分解成变量与变量之间的关系，并认真分析各个变量和变量之间的可能关联性。在各类可能存在关联性的变量中，精心设计研究假设，并按照以下两个原则排序，一是假设对于解决整个问题而言的重要性；二是基于当前的资源，假设的信息支持度。

研究假设将直接提供整个研究工作的结构，无论是访谈，还是实地调查，或是文献研究，研究假设将直接指向相关的资料，提高研究效率，减少无用功。

4. 形成研究假设的注意事项

一是研究假设中的变量必须得到明确说明，并可利用掌握的技术进行测量。二是研究假设中变量间的关系必须得到精确陈述，且必须是可测量的。三是研究假设应当是可检验的，表明变量之间关系的证据是可以被观察、证实或证伪的。

（四）步骤四：研究设计

研究设计，是确立主要研究策略、研究取向、具体方法和操作步骤的过程。研究设计是研究过程中的一个重要环节，是对研究工作的总体规划，是将研究问题转化为一系列研究决策的决定性环节。

1. 基本原则

研究设计应遵循三个基本原则：问题导向、目标导向和结果导向。

（1）问题导向。

以问题为导向。即从提出问题，到分析问题、解决问题。这就是以问题为导向的研究解决问题的经典逻辑。三个逻辑阶段，缺少任何一个阶段，都不算是真正做到了以问题为导向。首先，要发现问题，要敢于正视问题、善于发现问题，问题无所不在、无时不在，是客观存在的。“问题是事物的矛盾，哪里有没有解决的矛盾，哪里就有问题”，发现问题是为解决问题。其次，具体问题具体分析，透过现象看本质，要抓住事关全局的重要问题，并坚持用科学的方法分析和研究问题。

（2）目标导向。

以目标为导向。即从目标到问题、分析、方案、行动。这就是以目标为导向的研究解决问题的逻辑。五个逻辑阶段，缺少任何一个阶段，都不算是真正做到了以目标为导向。所基于的目标非常重要，因为目标不同，遇到的问题、需要解决的问题自然不同，后面的方案、行动自然也不同。甚至目标降低了，工作标准低了，可能压根不存在问题，更谈不上有意义的方案与行动了。要深刻把握目标内涵，强化目标引领，在谋划长远和整体的工作思路中，或者是在总体规划的顶层设计工作中，要坚持以目标为导向，目标要明确和具体、先进和可行，将短期目标与长远目标、局部目标与整体目标统一起来，并在执行中动态把控。

（3）结果导向。

以结果为导向。即从结果到问题、影响、经验（教训）、对策、措施。六个逻辑阶段，缺失任何一个阶段，都不能算是真正做到了以结果为导向。结果，是指某种状态，它可能是历史的，可能是当下的，可能是未来的。结果导向是从具体实践出发，以成效为评判依据，在分析与解决问题、制定对策与措施的过程中，要始终坚持实践性、成效性，不搞形式主义，拿结果讲话，用数字讲话。

研究设计要坚持问题导向、目标导向、结果导向相统一，问题是“约束条件”，目标是“优化对象”，结果是“可行解”，相互贯通、相互承接。

2. 确定研究类型

政策研究要实现既定的目标，就要根据其研究类型采用相应的研究方法和研究路径，也只有明确了该项研究的类型，才能选择出最佳的研究方式和分析手段。

从研究设计的角度看，可以根据研究的性质、目的、时间等维度划分不同的研究类型。按照研究的性质，可以分为理论性研究、应用性研究；按照研究的目的，可以分为描述性研究、解释性研究、预测性研究；按照研究的时间维度，可以分为横剖研究、纵贯研究。

3. 研究操作化

研究过程中需要把抽象的理论观点与具体的经验事物联系起来，转化为经验上可以度量的指标。主要包括概念的操作化、设计研究指标、形成研究假设等。（具体可参考步骤三）

4. 编制研究方案

研究方案的主要构成要素为：研究目的与意义、主要研究内容、研究类型与方法、研究假设与研究操作化、研究分析单位与抽样方案、资料收集方法与分析方法、研究团队与人员、研究组织与进度计划、研究时间进度与经费计划等。

（1）说明研究目的与意义。

研究课题的目的和意义，是进行研究的先决条件。一项课题的规划、组织等工作都要围绕课题的目的和价值进行。

说明课题研究的目的和意义，就是明确为什么进行这项研究，研究有什么理论或实践价值，即研究要解决什么问题，解决到什么程度，是为决策提供参考，还是提出具体建议，等等。

（2）说明研究的主要内容。

在明确研究现象的大致范围或基本方向后，需要进一步明确研究的具体现象、研究方案中要解决的主要问题、需要完成的主要任务等。

（3）确定研究类型和方法。

根据研究的目的和内容，确定该研究需要采用什么样的研究方式和方法。

（4）说明研究假设。

针对研究目的和内容，以及对研究问题的梳理、重构，建立课题研究的假设，并进行初步说明。（具体可参考步骤三）

（5）说明研究对象与抽样。

对研究对象的总体进行界定，并说明采用何种抽样方法和程序进行抽样，以及对研究对象规模的大小、样本准确性程度的要求等。（具体可参考步骤五）

（6）说明资料收集方法和分析方法。

根据研究的目标和重点、研究对象的总体性质、样本规模大小、课题完成时间、研究者人员精力、研究经费等多种因素，确定研究资料收集的方法。根据不同的研究类型，确定研究资料的分析方法，比如描述性研究主要侧重于基本的描述统计和推论统计方法，解释性研究主要依赖于双变量、多变量的相关分析及其他一些更复杂的统计分析方法，预测性研究较多采用更高级的分析资料的方法，如运用多元回归分析方法等。（具体可参考步骤六、步骤七）

（7）说明研究人员、组织情况以及进度计划。

在组建研究队伍过程中，首先，必须重视考虑个人基本的研究素质、能力，这是确保研究质量的基石；其次，要考虑研究人员的整体结构与分工。研究队伍中应有善于把握全局的领导者，也要有一些具有实干精神的中坚力量，同时还要有若干水平较高的研究人员、写作人员。

研究队伍要讲究搭配和协调，老中青结合，以中青年为主，同时应考虑少部分研究“新手”，这样的研究队伍是效率最高的。

同时，要明确研究工作任务分工，说明组织管理方法。如果需要对研究人员进行培训（如研究能力、调查工作），也要事先说明人员培训工作安排，制定可行的培训计划，以保证研究工作的顺利进行。

（8）确定时间进度和经费使用计划。

一项研究从接受任务，到完成研究工作、撰写研究报告，往往有时间上的限定或要求。为了在规定时间范围内保质保量完成研究任务，顺利达到预定的研究目标，研究者应在开始研究之前，对整个研究工作的时间分配和进度进行安排。每一阶段分配的时间要合适，还要留有余地。特别要注意给研究的设计和准备阶段多安排一些时间，不要匆匆忙忙开始收集资料或报告撰写工作。

物质手段和经费安排，是研究顺利开展的重要条件。研究需要的物质手段主要包括调查工具、技术手段（录音录像设备、实验仪器等）、分析手段（电脑及相关软件等）和各种材料。研究经费主要包括研究人员的差旅费、劳务费、礼品费、资料费、其他印刷制作费用等。

（五）步骤五：研究对象确定与抽样

研究对象，是指被研究的人或事物。研究对象与调查对象、研究内容不同，研究对象是政策研究所针对的研究对象，调查对象是收集研究资料时所询问的对象，研究内容是研究对象的属性或特征。

研究对象抽样，是指采用什么样的抽样方式，抽取那些能对研究问题提供最大信息量的人或事。政策研究多以“目的性抽样”为主。

1. 研究对象确定

（1）研究对象分类。

政策研究涉及的研究对象的类型主要包括：个人、群体、组织、社会产品等。

人，是最基本的研究对象。例如涉及员工的研究，可以按照年龄、性别、文化程度、岗位等，可以有不同的类型。

群体，是由若干个人组成的各种社会群体，比如班组。群体特征与群体中的个人特征有关，可以从群体成员中进行抽取。

组织，是指正式的社会组织，比如公司、工厂等。

社会产品，是指无法被前述对象类型包括的其他研究对象，其范围涉及各种形式的人类行为及由人类行为导致的各种社会产物，例如制度、培训、求职、工作座谈会、投资等。

（2）常见错误。

一是区群谬误（ecological fallacy），又称为层次谬误、体系谬误，是指研究者用一种集群的研究对象收集资料，而用一个非集群的研究对象下结论。例如，一个研究者收集有关下属企业的资料，然后从资料中得出有关个人行为的结论。

二是简化论（reductionism），又称为简约论，是指研究者用个体层次的资料来解释宏观层次的现象。例如，一个研究者认为员工有效激励是企业发展的原因，然后去收集有关单位的员工激励的资料，最后得出企业发展速度与质量方面的结论。实际上，一个企业的发展，除了员工的高绩效外，还有其他的宏观因素，例如自然资源、政策支持等。

2. 研究对象抽样

研究者希望对某一研究对象的总体进行描述和研究。如果对总体中每一个元素都进行研究，是最全面的，但也是最不现实的。例如，关于领导访谈，很难全部逐个进行。比较理想的情形是，只研究总体中的部分个体，但得到的不仅是这一部分个体的情况，而是渗透在、折射在、体现在这一部分个体身上的总体的情况。因此，选择代表总体的一部分个体，成为研究者必须解决的主要问题之一。例如，我们研究企业的基层管理问题时，选择的基层单位可能是通过熟人关系介绍的，这个单位可能具有代表性，也可能是比较特殊的，有较少代表性。那么，如何确定研究对象呢?

经过长期探索和实践，并充分借助现代统计学和概率论基础上发展起来的抽样理论与方法，可以使研究更好适应现代社会高异质性、高流动性、高变动性的现实。

（1）抽样分类。

抽样可分为概率抽样、非概率抽样两大类。

概率抽样，是依据概率论的基本原理，按照随机原则进行的抽样，以避免抽样过程中的人为误差，保证样本的代表性。

非概率抽样，主要是依据研究者的主观意愿、判断或是否方便等因素来抽取对象，不考虑抽样中的等概率原则。

（2）抽样的一般程序。

一是界定总体。应事先了解和掌握研究对象总体的结构及各方面情况，依据研究目的明确界定研究对象的总体范围。

二是制定抽样框。在研究对象抽象总体中，收集全部名单，并进行统一编号，建立抽样框。

三是决定抽样方案。根据研究目的、范围、对象，以及客观条件，选择抽样方法，确定样本规模及精确程度。

四是实际抽取样本。按照抽样方法，在界定总体中抽取研究对象，组成研究对象样本。可以预先抽取样本，也可以到达实地后再抽取样本，或者是边抽取样本边调查研究。

五是评估样本质量。对研究对象样本的质量、代表性、偏差等进行初步的检验和衡量。

（3）概率抽样方法。

一是简单随机抽样（simple random sampling），又称纯随机抽样，是概率抽样的最基本形式，是按照等概论原则从总体中随机抽取样本。

二是系统抽样（systematic sampling），又称等距抽样，或间隔抽样，是在总体编号排序后，按照固定间隔抽取个体号码，组成样本。

三是分层抽样（stratified sampling），又称类型抽样，是将总体中的所有单位按照某种特征或标志（如性别、年龄、职业、区域等）划分为若干类型或层次，然后进行简单随机抽样。

四是整群抽样（cluster sampling），是从总体中随机抽取小群体，然后由若干小群体组成样本。

五是多段抽样（multistage sampling），又称多级抽样，或分段抽样，是按照抽样元素的隶属关系或层次关系，从总体中随机抽取若干大群，然后再从大群中抽取几个小群，直至抽到基本抽样元素为止。

（4）非概率抽样方法。

政策研究中使用最多的“非概率抽样”方式是“目的性抽样”，即按照研究目的抽取能为研究问题提供最大信息量的研究对象。由于注重对研究对象（特别是他们的内在经验，如专家经验访谈）获得比较深入细致的解释性理解，因此研究对象的数量一般都较小。

目的性抽样可分为两大类，一类是根据样本特性进行抽样，具体有9种策略（以下一至九）；另一类是根据研究者特点抽样，具体有5种策略（以下十至十四）。

一是极端或偏差型个案抽样。选择研究现象中非常极端的、被认为是“不正常”的情况进行调查。虽然极端现象不具有“代表性”，但就研究目的而言，对独特现象的揭示可能比一个典型现象更有说服力，极端例子的经验教训可以为一般情况服务。

二是强度抽样。抽取具有较高信息密度和强度的个案进行研究，可以为研究问题提供非常密集、丰富的信息，但这些个案并不一定是非常极端或不寻常的。

三是最大差异抽样。从被抽中的样本产生的研究结果将最大限度覆盖研究现象中的情况。假设研究现象内部的异质性很强，可以先找该现象中具有最大异质性的特点，并以此为抽样的标准对现象进行筛选。

四是同质性抽样。选择一组内部成分比较相似（即同质性比较高）

的个案进行研究。

五是典型个案抽样。选择研究现象中具有一定“代表性”的个案，目的是了解研究现象的一般情况，而不是证实和推论。

六是分层目的型抽样。研究者首先将研究现象按一定标准进行分层，然后在不同层面上进行目的性抽样。与“最大差异抽样”相比，“分层目的型抽样”是了解不同层次的情况，进而对研究对象的整体异质性进行探究。

七是关键个案抽样。选择可以对事情产生决定性影响的个案进行研究，目的是将从个案中获得的结果逻辑推论至其他个案。

八是效标抽样。事先为抽样设定一个标准或一些基本条件，然后选择所有符合这个标准或这些条件的个案进行研究。

九是证实和证伪个案抽样。研究者首先建立一个初步的结论，通过抽样来证实或证伪初步理论假设，通常在研究后期使用。

十是滚雪球或链锁式抽样。选择知情人士，或决定性个案进行抽样研究。通过一定渠道找到的知情人士，来获取下一个知情人士，一环套一环，样本像雪球一样越滚越大，直到收集信息饱和为止。这是通过局内人寻找消息灵通人士的有效办法。

十一是机遇式抽样。根据当时当地具体情况进行抽样。通常是研究者对情况不了解，且有较长的实地调查时间，到达研究实地后的抽样方法。

十二是目的性随机抽样。按照研究目的对研究对象进行随机抽样。政策研究者选择一定数量的样本进行研究，不是为了回答“有多少”或“有多频繁”的问题，而是为了更有力说明“发生了什么”“是如何发生的”。

十三是方便抽样。由于实际条件限制，随研究者自己的方便进行抽样。这种方式省时、省钱、省力，但会影响研究结果的质量。这种抽样方式是一种“懒人”办法，没有一定的标准，可信程度最低。同时，也会使研究进程和结果受到“任意拨弄”。

十四是综合式抽样。基于一种抽样策略不一定适用于研究的全过程，在研究进程中根据具体情况与策略，结合使用上面不同的抽样策略选择研究对象。比如，研究之初对实地情况不了解，可采取“方便式抽样”或“机遇式抽样”选择研究对象；随着研究深入，对研究情况了解后，抽样也可以更精细化、系统化，采用“目的式随机抽样”或“分层目的型抽样”等方式。

（六）步骤六：研究资料收集

研究资料收集的方法有很多种，如问卷法、实验法、访谈法、观察法等。具体的资料收集方法，是根据研究问题性质和研究设计决定的。研究者在研究过程中，要将研究对象抽样策略与研究资料收集方法结合起来，寻求最佳的资料收集方案。

1. 问卷法

问卷调查，是一种最常用的资料收集方法，是指研究者以问卷的形式系统地收集受访者信息的方法。

调查问卷一般由受访者亲自填写或在网络上（如电子邮件）填写。调查可以面对面进行或通过电话、邮寄或电子邮件等方式来实施。

2. 实验法

实验法，是在人为控制的条件下，确定两个或更多社会现象之间因果关系的方法。

实验法可以分为标准实验法和准实验法。标准实验法是指在实验控制条件下，随机地挑选和安排被试来进行实验处理；准实验法是将实验运用于原始群体，而不是随机安排被试进行实验处理。在研究过程中，许多被试是自然而完整形成的群体，如某一单位的班、站、所等，准实验法可以为研究这些群体作出有价值的贡献。

3. 访谈法

访谈法，又称访问法，是研究者通过当面交谈和直接观察来获取受访者信息的方法。

按访问对象的构成，访谈法可分为个别访谈、集体访问。按访问形式，访谈法分为结构式访问、无结构式访问。

其他访问相关的方法还有专家访谈法和电话访问法。

4. 观察法

观察法，是研究者借助视觉和听觉等感官来系统地获取研究对象信息的方法，是人们获取外部信息的基本途径。

观察法可以分为参与观察和非参与观察、结构性观察和非结构性观察。在参与观察中，观察者是环境或事件的自然组成部分；在非参与观察中，虽然观察者也在观察研究对象，但是研究者并不是其中的一部分；结构性观察通常有事先拟定的观察项目和记录表格；非结构性观察虽然有观察的目标，但没有观察的细目和系统的记录表格。

（七）步骤七：研究资料分析

研究资料分析，是指按照一定的标准或流程对零散的、杂乱的、无固定结构的、不精确的原始资料（文字、段落、文章，或其他记录符号，如录音、图片等描述的资料）进行浓缩，通过各种不同的分析手段，将研究资料整理为一个有一定结构、条理和内在联系的意义系统。研究资料分析的过程，是对研究资料进行分类、描述、综合、归纳的过程，是将研究资料与理论、概念建立联系的过程，即从具体的、个别的、经验的事例中逐步概括、抽象到概念和理论的过程，主要任务是对信息的组织、归类和对信息内涵的提取。在实际操作中，根据研究需要，研究资料的收集和分析可以是同步进行的，同时为避免研究者遗忘造成的信息错漏，研究资料应在收集后及时进行分析。研究资料分析的主要步骤如下。

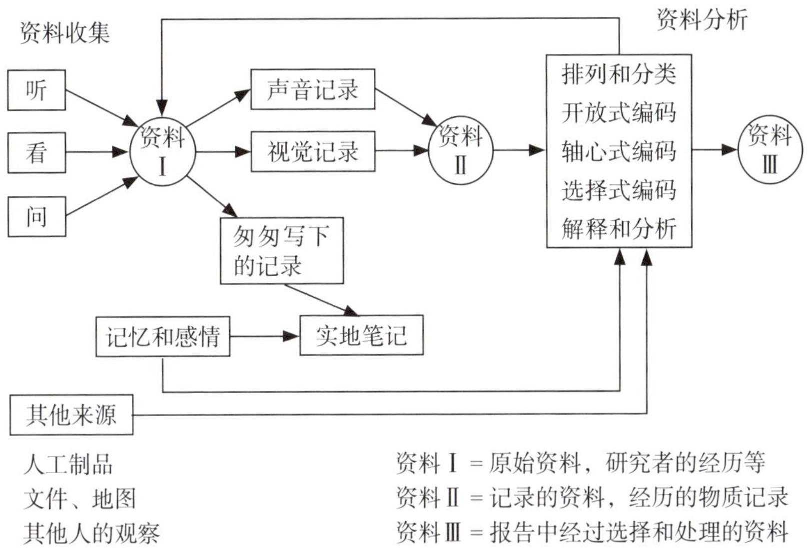

图 8—2　研究资料分析过程

1. 研究分析起点

资料分析，可以在资料收集的同时开始，并且从头至尾一直进行。资料的分析工作是贯穿与伴随整个研究过程的。

2. 阅读原始资料

首先认真阅读收集的资料，熟悉资料内容，仔细琢磨其中的意义和相互关系。

一是研究者要尽量摒弃已有偏见、观点和假设对资料分析可能带来的干扰。采用“投降”的态度，对自己的偏见、观点和假设进行“悬置”，通过“投降”“悬置”来摆脱个人看法的影响、从而实现对资料的客观认识。

二是寻找意义。语言层面，寻找重要的关键词、短句、段落及其表达的有关概念、命题；语义层面，寻找有关词语和句子的意义；语境层面，考察关键词语的上下文及资料产生的情境；语用层面，寻找关键词、关键句的实际用途；主题层面，寻找与研究问题有关的、反复出现的行为和意义模式；内容层面，寻找内部的故事线、事件之间的彼此关系；符号学层面，探讨研究资料与相关符号系统以及社会、文化、政治、经济背景的关系。

3. 资料归类

归类，是指将相同或相近的资料合在一起，将相异的资料区别开来，建立资料之间的联系。归类过程，是对资料进行排序、结构化并赋予意义的过程。通过对几万字、十几万字甚至更多的资料，以及不相关的资料，甚至是冗余的资料，进行分组、删减、分类和重构，进而获得对资料更深入的理解、对问题更明确的认知，以及对假设的反复性检验。

归类标准不是唯一的、绝对的，存在很大的人为性和相对性，可以结合研究目的的需要以及资料本身的特点选择合适的归类标准。

归类方式主要有两种，一是类属分析，如资料收集方法是访谈，访谈是按照一定的主题进行的，那么资料归类分析也可以按照主题的类属进行。类属可以分为多层级，再如，对合格员工的分析，可以分做人、做事；做人下面可以分敬业、团队、职业；做事下面可以分知识、能力、创新等。二是情境分析，如果资料收集方式有访谈、观察记录、实物等，资料呈现过程性和动态性的特点，那么资料分析可以按照情境进行，对研究对象进行整体的、动态的发展进行呈现。

归类工具方面，传统的归类工具是“剪刀＋浆糊”，将资料进行分门别类的放置。随着计算机技术的发展，国外已经出现很多质性资料分析软件（qualitative data analysis, QDA），目前主要的商业软件有：ATLALS.ti7，Dedoose，Enthnograph6.0，Hyper RESEARCH，MAXQDA11，Nvivo10，QDA Miner Full4.1，Qualrus 等。计算机软件归类有两种方式，一是按照不同的层级归类，二是按照资料的网络关系归类。软件可以代替大部分手工操作，具有对资料的检索、分类、编码、注释、连接和显示等功能。

为减轻资料归类整理负担，可采用复印、剪辑、索引卡片、流程图、批注，以及看板或其他可视化方式对资料进行处理，这种办法又称为“分析墙报”，可以把资料进行同时呈现。

表 8—1　国外主要研究分析软件

计算软件	公司	演示版或免费试用	平台	文本或影像分析	主要功能
ATLALS.ti 7	ALTAS.ti Scientific Software Development GmbH (htttp: //altasti.com)	无限制，最大量 10 个文档、50 个代码	Windows/ Mac/iOS/ Android	是	第一批 QDA 工具，创建了交流、存储和处理 QDA 数据平台；为所有应用输出完整数据；支持开放、通用数据格式，公开数据结构
Dedoose	UCLA and the William T.Grant Foundation(http:// www.dedoose.com)	一个月免费试用期	N/A	是	促进严谨质性和混合方法研究；基于网络，低价格，协作机制；许多互动的数据可视化
Enthnograph 6.0	Quails Research (http://www. qualisresearch.com)	不超 3 个项目和 3 个数据文件	Windows	没有影像分析	分析文本质性数据；简单，容易使用
Hyper RESEARCH	ResearchWare Inc. (http://www. researchware.com)	不超 7 个案例和 75 个代码	Windows/ Mac	是（文本、影像、音频和视频）	易于使用的界面；灵活的方法；多语言文本支持，代码映射；多媒体性能
MAXQDA 11	VERBI GmbH(http:// www.maxqd.com)	一个月免费试用	Windows/ Mac/iOS/ Android	是（文本、影像、音频和视频）	文本输入；编码；个人属性；搜索；创建地图；许可证交易
Nvivo 10	QSR International (http://www. qsrinternational.com)	一个月免费试用	Windows（支持）/ Mac（部分支持）	是（Windows 文本、影像、音频和视频）	输入、创建和编辑大量数据转录服务；抓取和分析在线数据
QDA Miner Full 4.1	Provalis Research(http://www. provalisresearch.com/ products/qualitative- data-analysis- software/)	QDAMiner Lite1.3 indows 部分功能	Windows/ Mac（需虚拟机解决方案或 Boot Camp）	是	在屏幕为文本和图像编码且标注；备忘录和超链接；地理和时间标记；统计和可视化；混合方法和 QDA 软件

（续表）

计算软件	公司	演示版或免费试用	平台	文本或影像分析	主要功能
Qualrus	Idea Works,Inc. (http://www.qualrus.com)	无限制，全功能，项目不能保存	Windows	是（文本、影像、音频和视频）	快速学习曲线；前所未有的编码效率；强大的脚本语言

4. 资料建档

资料建档主要包括四个方面：一是背景档案，尤其是一些重要的社会事件，或者重大政策方面，背景档案非常重要；二是传记档案，研究对象是人或者群体时，传记档案有助于更加全面的研究；三是参考书目档案，对研究过程中查阅、记录的各种书目、文献资料等进行系统的整理和建档；四是分析档案，即根据主题对各类分析资料进行建档。

5. 资料编码

编码，是深化认知和形成理论性解释的起始步骤，是将意义单元赋予研究资料的标签，是研究者从繁芜复杂资料中寻找意义单元并在概念和主题上进行相互关联的程序与过程。编码过程受研究问题引导，并启发新的问题。意义单元，可以是一个词、几个词、一个句子、几个句子或一整段话等。编码是一项极为烦琐和辛苦的工作，尤其是对研究新手，编码可能是研究过程中最困难的环节。编码主要有三种方式。

一是开放式编码（open coding）。首先将最初的代码或标签分配到资料中，在此过程中研究者可以无约束的创造新的主题。从具体资料中设置主题标签，以及在特定细节与抽象概念中不断反复，是一件非常重要的事情，编码所形成的比较低层次的抽象概念，是后续研究的基础。

二是轴心式编码（axial coding）。从最初的主题、概念开始，对研究资料进行筛检，在此过程中研究者也会产生新的观点、思想，同时建立主题、概念之间的联系，如因果关系、时间关系、语义关系等。轴心式编码可以刺激对概念与主题间联系的思考，同时也提出新的问题。

三是选择式编码（selective coding）。在开放式或轴心式编码的基础上，有选择地查找那些说明主题的个案，并对资料进行比较和对照，并最终找到一个或几个可以统领其他相关主题的核心主题。但是，此方法可能将一些无法分类却对研究问题十分重要的材料排除于结果之外。

6. 形成概念

概念形成，是研究资料分析过程中的一个完整部分，是用以组织资料、概括资料含义的一种主要方式。概念形成为资料分析提供了基础和框架。

研究者在对研究资料进行分析的过程中，对研究资料提出评论性的问题来进行概念化或者形成概念。比如，这是高质量发展的驱动吗，这种模式的后果是什么，这是一般的还是特殊的情况，等等。

7. 撰写分析备忘录

撰写备忘录，是在研究资料分析过程中，随时将那些转瞬即逝的思想火花和有创见的观点记录下来；或者是将分析中的一些有价值的现象、概念、主题记录下来；或者是自己对有关问题的理解和思考等记录下来。

8. 分析重点与常用模式

研究资料分析主要是寻找资料的相似性、相异性。其中，要重点关注资料的六个不同方面，即频率、程度、结构、过程、原因、后果。常用的分析模式主要有四种。

一是连续接近（successive approximation）。从研究问题与最初的概念、假设出发，在研究资料中寻找证据，或者是通过资料创造新的概念，或者修正原先的概念。在证据与概念、理论之间不断的反复、相互塑造。最后，概念与模型几乎“接近”了所有的证据材料。

二是举例说明（illustrative method）。利用最初的概念、假设、理论提供的“空盒子”，将研究资料中相关的内容作为证据“填满”空盒子。

三是比较分析（analytic comparison）。主要是一致性比较，寻找不同资料中所具有的某种共同的结果特性，然后再比较各种可能的作为原因的特性；或者是差异性比较，找出在许多方面都十分相同的资料中，存在的少数不同的因素，然后再找出其中隐藏的关联关系。

四是流程图。根据事物发展变化的过程，采用流程图的模式描述一系列事件或现象的变化关系。

综上，无论是选用哪一种分析方法，都要认识到研究分析过程是一个开放式结构，如果最初建立的分析框架、类别，甚至所研究的问题不符合收集到的原始研究资料，研究者可以随时进行修改。

（八）步骤八：研究理论建构

理论，是一种观点（perspective）、一种学说（doctrine），或者一种角度（approach）、一种趋向（orientation），是两个以上的概念或变量结合起来的命题。根据理论所涵盖的范围，可分为宏观理论（macro theorizing）、中观理论（meso theorizing）、微观理论（micro theorizing）。任何经验研究与观察，总是与一定的理论倾向相联系的，不存在没有理论取向的经验研究，也没有完全脱离经验基础的理论研究。

政策研究，是有目的的理性活动，比日常生活更需要了解其中隐含的理论。建构理论，既是政策研究的内在要求，也是研究结果的一个必然归宿，即使对于非理论性的、偏实践的政策研究，也需要建构一些广义的、实质的、个人的、范畴较小的理论。

1. 理论建构逻辑

理论与观察（问题），是一项具体研究的两个逻辑起点。

一是从理论到经验观察，再到理论，是一个循环往复的过程。尽管对具体的一项研究而言是有始有终的，但从一般的研究程序看，它永远是一个不断循环的过程。在研究过程中，有两个最基本的组成部分，即收集资料和提出理论或解释。同样，也存在两个中间阶段：阶段一，研究者从经验观察开始，通过描述和分析所观察到的事实，形成经验概括并以一定的命题形式上升为理论，并在此基础上做出预测，再通过观察新的事实加以验证；阶段二，研究者从理论出发，由理论推演合理假设，在假设引导下进行经验观察，通过观察对理论或假设进行验证，最后修改或者提出新的理论。

二是理论建构的过程可以按照两个阶段，划分为两种方式：归纳推理法和演绎推理法。归纳与演绎是经验研究与理论建构相关联的两种基本的逻辑方法。归纳法，是从具体观察入手，最后上升到理论的过程；演绎法，是从理论推演出结果或假设，再对假设进行经验验证的过程。

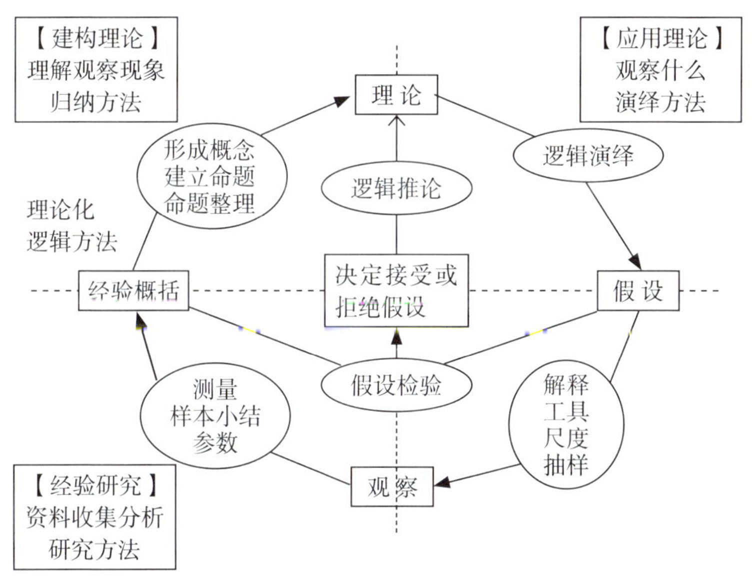

图 8—3　科学研究的理论建构逻辑

2. 归纳式理论建构

归纳式理论建构，是研究者常用的理论建构方法之一，是由问题为起点，通过观察与收集经验事实，进行整理和加工分析，使孤立的、无序的事实得以系统化、统一化。同时，根据概率统计原理，从众多现象中归纳、概括出研究对象的规律性认识。

归纳式理论建构的一般过程如下。

一是形成经验现象的观察结果。可以采用定量的描述统计，概括样本的特征和规律，推断总体结构和特征；也可以采用定性方法，运用分类、综合等手段，抽取现象的内涵，形成对具体现象的描述。

二是经验概括。借助于概念或命题，对事物进行抽象总结分析，对现象基本规律或特征进行总结，或是对变量之间存在相关关系进行说明。

三是建构理论。研究者从大量个别具体的现象中得到一般性的经验概括后，就已舍弃了每个特定现象或事物的特殊性，集中了所存在的共性特征，初步建立了解释或说明所观察的事物或现象的理论。

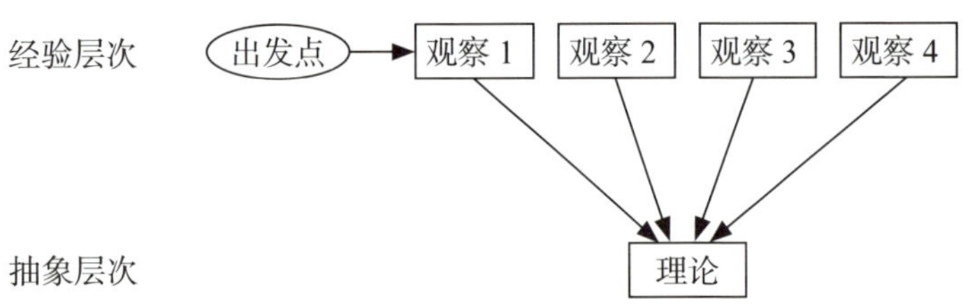

图 8—4 归纳式理论建构

3. 演绎式理论建构

演绎式理论建构，是从一般到个别，从逻辑或理论上预期的模式到经验观察，最后检验原来的理论模式的过程。理论，是演绎的逻辑出发点。有时理论是一种假说，是用来回答由事实提出的问题，是关于事物现象的因果性或规律性的假定性解释。这种假说或理论解释，必须得到经验事实的检验。运用演绎法进行理论建构，基本原理就是先提出某一理论假设，然后通过演绎推理，做出预言或预测，并通过对经验事物的观察来检验其正确性。

演绎式理论建构的一般过程如下。

一是从待检验的理论推演出一组概念化的命题，用可检验的命题形式即假设的形式重述概念化的命题。前者是从该理论推导出一组合理的推论，后者是将推论“操作化”为假设，即该理论中有关变量间关系的尝试性陈述，变量在经验上是可测量的。

二是收集有关证据加以验证。根据操作化以后的命题，对通过调查、实验、观察或访问等方法收集的资料进行分析，确定经验证据与需检验的命题之间是否相符。若证据能完全支持假设，就可得到肯定；若不支持，就应提出怀疑，进行必要修正。

三是理论修正与发展。对原来的理论进行重新思考或修正，使理论假设得到发展。而要确定修正理论是否正确，最终还需接受经验验证。

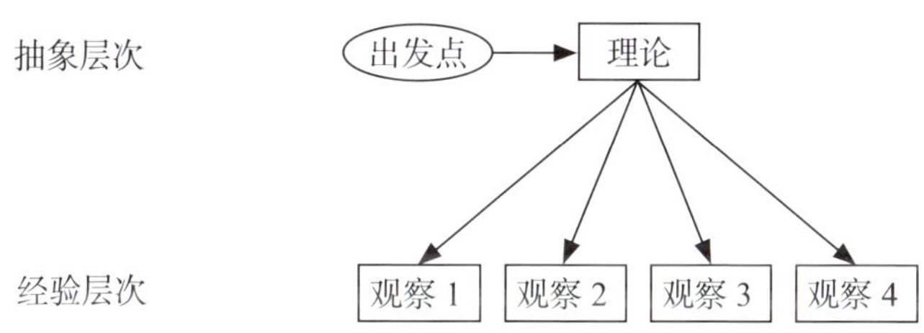

图 8—5 演绎式理论建构

（九）步骤九：研究质量评估

研究质量评估，是对整个研究过程，包括研究准备、研究设计、研究方法、研究结果的反思、评价、改进、提升。

1. 影响研究质量的因素

具体到整个研究过程中，直接或间接影响研究质量，降低研究结果的“真实性”“可靠性”“确切性”“稳定性”等的因素有很多，以下仅对常见的因素进行讨论。

一是记忆问题。在研究资料的收集、分析过程中，由于研究对象的选择性记忆、记忆失真或错漏，以及研究者的记忆偏差造成研究资料及研究分析的误差。

二是研究效应。研究对象可能会受到研究者“研究”带来的关注增加，从而表现出非真实的一面。例如管理学著名的“霍桑效应”，美国西部电气公司霍桑工厂工人生产效率的提升并不是由于工作环境的改善（照明、湿度、休息、领导力等），而是“被人观察”导致的行为倾向。

三是背景差异。研究过程是研究者与被研究者相互塑造的过程。研究者与被研究者的文化背景、性别、年龄、社会地位、受教育程度、个性特点、形象整饰等方面的差异会影响研究资料的真实性。

四是间接资料。当研究资料属于被研究者提供的“间接”资料，没有明确的信息来源，只是被研究者根据自己的理解对信息进行传播或加工时，将降低研究资料的准确性。

五是测量工具与资料收集方式。合适的测量工具和资料收集方式比优秀的研究者更重要。如果问卷设计的问题表述不严谨，可能让被研究者无法作答，或即使努力作答，研究价值也不高。问卷中哪些问题适合于开放性方式，哪些适合于封闭性方式，排列的先后顺序，以及观察对象的疲劳感或厌倦、反感等情绪，都直接影响研究资料的真实性和完整性。

六是环境因素及其他偶然因素。要避免外部因素干扰。例如，研究基层班组员工的工作状态时，如果有员工的直接上级陪同访谈，那么研究者是无法获得比官方资料更多信息的。因为无论如何强调调查的客观性、研究的科学性、资料的保密性，都无法消除环境的负面影响。另外，资料建档过程中，可能出现疏忽、差错等偶然因素，从而影响资料的准确性。

2. 研究质量评估维度

对于研究质量评估的方法和维度有很多，常用的是效度检验与信度检验。

（1）实施效度检验。

效度（validity），是指研究结果的正确性程度。在政策研究过程中，研究者对事物的理解不是简单的主体对客体的认知，而是主体与另外一个“主体”(客体)在一定的社会文化环境中的重新相互建构。由此，效度就是用来评价研究结果与实际研究的相符程度，需要通过研究者视角、参与者视角、读者和评阅人视角等角度进行综合评估。

一是研究者视角。主要包括三角测量、不确定证据、反身性说明。其中，三角测量，是指从不同信息来源寻找证据。此术语是海上军事导航中，水手利用不同信息来源或信息点确定船只的位置。信息可以是不同的信源，比如，访谈记录、田野笔记，或者是不同个人的访谈信息。不确定证据，要求研究者检查所有的例外情况。有时并不是所有的证据都指向一个主题、一个方向，需要进行核实与必要的说明。反身性，是反思研究者经验、背景对研究解释所产生的影响。通过了解研究者的倾向和理念以及倾向、理念对研究的影响，不断完善研究分析与推论。

二是参与者视角（被研究个体）。主要包括成员检验、延长实地参与、与研究参与者合作。其中，成员检验，是指研究者把研究主题或内容拿给研究参与者进行核实。内容并不是访谈记录稿或田野笔记，而是对研究资料的概括、分析。延长实地参与，是指研究者延长在研究环境的时间，以不断改善研究问题、编码、主题以及整体分析。与研究参与者合作，是指让研究参与者参与到研究过程的关键决策中，合作可以从小范围、低度参与扩展到研究全阶段的深度参与，目的是支撑研究及研究成果应用。合作形式包括协助提出问题、分析文本或图像数据、反思调查结果、提出行动建议等。

三是读者和评阅人（客户）视角。主要包括外部审核、同行报告。外部审核，是指来自外部读者的观点。通过对从研究设计到最终结果的整个研究过程，以及所有材料进行重审，提供有关研究准确性的意见建议。同行报告，是请研究同行，或是扮演成故意唱反调的一方，或是扮演成挑战者，对研究进行评审，提出尖锐的问题，以完善提升研究质量。

（2）实施信度检验。

信度（reliability），即可靠性，是指研究对象评估测量的稳定性、一致性，研究结果的可重复性。虽然政策研究是研究者与被研究者互动重构的过程，“人不可能两次踏入同一条河流”，但仍有研究学者认为存在客观的、可以重复发生的事情。

一是信度检测，主要有再测信度、复本信度、折半信度等。再测信度，是指用相同的方法对同一个对象重复进行测量，检查其相关性。复本信度，是指用两个复本，交替测量，检查结果的相关性，例如，考试AB卷，满意度调查AB问卷等。折半信度，是指对研究对象单双号分组，检查两组的结果的相关性。

二是提高信度的方法，主要有清晰界定概念、增加测量取值类别、应用多重指标、预调查等。清晰界定概念，是指研究过程中尽可能消除其他概念结构可能带来的干扰。例如，测量员工满意度的概念，就必须把员工收入、精神、工作态度、身体健康水平等一系列概念区分开来。增加测量取值类别，是指通过较多类别来提高资料的精确度。例如，测量满意度，一个有“高”“低”两个取值，而另一个从“非常高”到“非常低”有10个取值。应用多重指标，是通过多个指标避免单个指标的错漏和偏差。预调查，是通过预调查检验测量的信度，并对测量方法进行完善。例如，对员工高满意度预调查，及时发现某些问题是否表述清楚，是否有歧义等，以进一步完善测量指标，提高信度。

3. 其他注意事项

对研究进行整体评估时，除上述因素和维度外，还应注意与研究过程紧密相关的其他问题。

一是研究伦理。研究伦理，主要包括研究者伦理、研究对象伦理、研究资助者伦理。研究者伦理，是指研究人员诚实可信，不伪造、歪曲研究资料，不抄袭、剽窃研究成果；研究对象伦理，是指研究参与者自愿参与，且避免对研究对象的伤害、欺骗等；研究资助者伦理，是指尊重研究资助方的研究标准及要求，以及成果权益安排。

二是个人隐私与保密原则。研究者要切实履行相关保密原则要求，无论是“公众领域”的相关国家、行业、企业、单位、集体的事务与信息，还是“私人领域”的个人信息、个人隐私情况，以及其他敏感信息。在研究过程与撰写报告时，注意保密、匿名。

三是合理处理与被研究者的关系。研究者要客观地对待被研究者以及收集的资料，合理考虑被研究者的具体情境，以及研究结论对其的影响。同时，研究者离开调研现场后，可以继续保持与被研究者的联系；对于承诺被研究者的事项，应有回应；对于被研究者提供的协助，应表示感谢和适当回报。

（十）步骤十：研究报告撰写

研究报告，是基于特定的研究对象和研究假设，运用一定的方法收集资料和分析资料之后，对研究过程和结论的总结，是研究活动的最后一个阶段。研究报告的质量直接反映出研究过程的严谨性、科学性，在很大程度上决定着社会研究成果的理论价值、社会价值和应用性。

1. 研究报告撰写过程

通常报告撰写处于研究过程的最后阶段，其过程主要如下。

一是从现场“撤离”。虽然政策研究的资料收集、资料分析、结果推导、报告写作是紧密交织、融合在一起的，但研究结果的完整表达、研究报告的写作需要专门的时间、地点，而且要把研究者与研究现场、被研究者隔离开。远离现场、与现场“疏远”能帮助研究者从一个更为总体的而不是具体情境的视角进行思考，以更好地对所观察的、听到的、读到的赋予形式和意义。

二是确立主题。报告的主题需要考虑三方面因素，即研究目的、研究所获得的实际材料、实践中需回答的实际问题。一般情况下，报告主题就是研究的主题，即报告反映的中心问题就是整个研究的中心问题。但有些时候，研究报告的主题不能与研究主题统一起来，如研究范围很广，内容很多，在研究报告中难以全部容纳；或者收集的资料不充分，不支持研究主题的全面内容；或者是基于客观原因，需要对预先设计的研究主题进行调整。

三是拟定写作计划、提纲。主要包含研究目的陈述、撰写大纲。写作目的陈述，是要求研究者在写作之前，首先在头脑中明确研究结果表达的主要目标，明确通过研究报告要表达什么。撰写大纲，主要包括条目提纲、观点提纲两类。条目提纲，是从结构层次上列出报告的章、节、目。观点提纲，是在条目提纲基础上，列出各章、节、目所要阐述的观点。拟定提纲的过程，就是将研究报告主题层层分解、不断结构的过程，要按照"层层展开、环环相扣"的原则，将整个结构分为"主题纲目项"，即按"总标题、分标题、小标题、子标题"的形式将主题分层排列。如此，可以将研究资料按照纲、目、项归类，一直落实到每一个具体的问题中，并按照逻辑顺序进行排列，最后按此顺序进行撰写。

四是阅读与标记资料。政策研究资料主要是一段段、一篇篇、一本本文献、访谈记录、观察笔记，以及夹杂着研究者思考和分析的田野笔记、实地备忘录等。写作前需要对资料进行标记，分别标以不同的主题词。

五是按框架选择资料。先确定研究报告主体框架或表述思路，然后按框架或思路选择合适的材料。具体要注意四个方面：准确，材料要紧扣主题、有的放矢；精练，力戒复杂和不得要领；典型，材料要有代表性；全面，避免以偏概全。

六是撰写报告。包括内容结构的合理安排、语言文字的恰当使用两个方面。所谓内容结构的合理安排，是将材料、观点和各个组成部分合理安排，可采用纵式结构、横式结构、纵横结构。所谓语言文字的恰当使用，是指语言要准确（少用揣测性词语）、简洁、朴实、生动（但忌哗众取宠）。另外，要注意克服把报告“一遍写完美”的想法。不必担心初稿质量，优先把思考、体会都写出来，包括不成熟的、不准确的、不完善的看法，也可以跳过前面章节，直接写后面章节内容。

七是完成报告撰写。使报告各个章节在整体思想、体系结构、内容形式、行文风格等方面前后一致，反复阅读、审查、推敲，修改每一个细小环节，使报告不断丰富完善。

2. 报告主要组成要素

（1）导言部分。

导言部分需重点说明如下内容：一是关于研究的问题与背景，以及研究问题的来源；二是关于研究的地点、时间、范围；三是研究的主要对象及其数量；四是研究所使用的方法、研究者与研究对象的关系；五是研究所涉及的理论回顾；六是其他一些相关信息的介绍等。

（2）方法部分。

关于方法的说明，可融入导言，在导言的结尾部分或者后半部分出现，与研究地点、观察对象一起描述，也可以单独进行介绍。方法部分主要回答读者或“客户”为什么采取这种方法对研究问题进行研究，研究设计是什么，研究过程中的研究对象是如何抽样的，主要的研究变量及定义和操作是什么，研究资料收集的方法是什么，收集过程怎么样，采用的研究工具有哪些等。

（3）主体部分。

主体部分的叙事逻辑方面，可以按照议题来组织和表达，也可以按照研究进程、事件过程来展开，也可以按照研究对象类型进行描述。内容安排方面，要通过研究资料来阐明或证实研究者对研究问题的判断，特别是选择和列举收集资料中的有典型性的材料（如案例、访谈记录、观察记录等），并加以研究者的分析性解释或说明。材料与观点的表达方式方面，主要分为三类：一是“夹叙夹议”，将研究资料的引用与研究者的分析、议论、解释结合在一起；二是“总叙总议”，先描述研究资料及资料分析，然后再进行判断与解释；三是“先议后叙”，研究者先将研究的分析、判断、理解和解释写出，即先写出结论、观点，然后再列举实例或相关研究资料进行说明。

（4）结尾部分。

结尾部分的形式并不固定，主要根据研究目标进行设计。常见的结尾形式如下：一是仅给出研究结论；二是研究结论与讨论相结合；三是给出研究结论，并提出有关建议和措施；四是在研究结论、讨论的基础上，对研究进行反思，表明研究的局限性。

以“企业内部市场机制运行情况”研究为例

导言部分，重点突出研究的实证问题和理论问题，如：“企业内部市场机制为什么会失败？”“为什么采用时代非常流行但并不成功的机制？”“企业内部的交易费用的来源是什么？”“效率理论与权力理论，哪个更有能力解释内部市场机制的采用和失败？”等。

方法部分，指出“主要采用了‘延伸个案研究法’，以A集团公司作为理论个案进行建构”。同时，资料收集方面，“具体的调查手段是定性研究方法中的深度访谈、参与观察、历史资料收集、追踪调查。调查注重对具有重要含义的事件分析，也注重不同部门人员对同一事件或同一重大项目的描述与身处其中的经历”。“访谈对象主要是与组织结构的历史、现状有密切关系的，集团公司一级或子公司一级的组织中承担经理或副经理职务的管理人员，被访者有40人。”“课题调查时间从2000年3月开始……2003年后继续通过电话、电子邮件进行追踪调查。”

理论部分，为了“形成一个研究企业内部组织机制的经济社会学角度”，分别对“从组织策略角度研究组织结构的视角”“从交易费用的角度对组织结构分析”，以及“新经济社会学：对于效率理论的批评”等主要理论视角和观点进行分析和探讨。

主体部分，首先描述了A公司“内部市场机制形成”的过程；其次介绍了“内部市场竞争关系”的现状；再次从“割裂资产专用性带来内部协作成本”“子公司之间的抢单严重”“内部市场关系下的分工但不合作”“不准确的成本核算对经营方向缺乏指导价值”“监督制度无效带来的代理成本”等五个方面分析了内部市场机制失败的原因。

结尾部分，对主体部分分析的结果进行了总结，指出“本研究提出资产专用性被割裂是内部交易费用的一个来源的假设”，“可以说是对内部交易费用和资产专用性做了一个理论化的努力，至于这一努力是否有足够的说服力，还有待更多的，对于不同行业的组织形态变迁的研究去验证”。

3. 撰写的其他注意事项

一是要客观撰写。将研究分析结果写成报告是在科学的调查研究分析之后。研究结论不应是研究者个人主观看法的延伸，而只能是研究资料和客观事实的逻辑结果。在真正理解问题本质、清晰各方不同观点之前，不要轻易动笔，特别是涉及很大争论的系统性问题。

二是不浪费决策者每一分钟。撰写研究报告的目的是研究成果被“客户”阅读、理解和认可。为了与决策者进行交流，研究者应努力使研究报告的每一行，甚至每一个字都能引起决策者的高度关注。在繁多的案头报告市场中，要提升报告价值密度，力求不浪费决策者的每一分钟。同时，强化段首主题句的概括性，对百忙中的决策者来说，主题句也许是其所关心的全部内容。

三是要突出政策结果的利弊。政策研究分析人员的主要任务是对问题做出客观的诊断，对各种备择方案和理由作出解释，并指出其中利弊。尽管研究者在文献综述、研究方法、信息数据整理等方面花费了很多时间，但决策者感兴趣的只是其工作的一小部分，即研究结果。

四是要对标题、段落及图表等说明文字赋予价值。忙碌的决策者能记住的只是为数不多的几个论点，关键论点在报告中应以不同的方式反复提及，尽量避免在文章结尾才提出新观点、给阅读者惊喜的做法。对于标题、段落首句、图表说明等，尽可能使用判断句。如，用“2020年南方区域全社会用电情况”作标题，提供的信息非常有限，可改为“2020年南方区域全社会用电量同比增长5%”。一个表格用“分产业电量增长表”作标题，不如用“除第二产业外，其他产业用电呈下降趋势”更醒目，为读者提供更多信息。

五是句子要写清楚，言之有物。政策分析要避免空洞的句子，如“电价变化将对家庭行为方式产生影响”，要描述具体“影响”，而不是泛泛提及，如“电价上升一倍，家庭用电量将减少50%”，这样可以直截了当传递有用信息。句子的对象要具体到特定的机构、单位、部门，而不是“有关部门”。用动词表达行动，不要陈述条件。句子不要太长，如需表达复杂的信息，可考虑采用表格或形式特殊的编排方式。要避免使用行话术语，报告的目的是对读者有帮助，而不是显示我们的专业水平或刻苦勤奋，更不是显示我们有多正确。

六是注意数表、图表的合理使用。数表、图表形象直观，提供信息量大，可以有效帮助读者理解报告的内容。但是，要数量适宜、合理使用，且要附有一定的文字说明。

四、政策研究基于的哲学原理

哲学方法，是现实世界最一般关系的反映，是一种普遍性方法，适用于所有领域，具有最大的普适性，对人们所有的认识和行动都起着指导作用。哲学方法论，处于方法论体系的顶层，是最高层次的方法论。哲学方法论并不是哲学的一个特殊部分，整个哲学知识体系都具有方法论的功能。马克思主义哲学原理，是科学的世界观和方法论，是关于自然、社会和思维发展的普遍规律的学说。辩证思维，是对人类思维辩证法规律的总结，是作为客观辩证法的反映和人类认识史的总结。系统科学，是研究系统的一般模式、结构和规律的科学，系统理论的运用与否，是现代管理与小生产管理、现代决策与传统决策、现代社会科学研究与传统人文思想的本质区别。马克思主义哲学、辩证思维、系统科学等是我们开展政策研究基于的哲学原理与理论工具。

（一）马克思主义哲学原理

马克思主义哲学是从自然界、人类社会和人的思维活动概括出来的哲学理论，其思想内涵博大精深，理论原理内容丰富，主要集中于以下几方面。

1. 世界统一于物质，物质的根本属性是独立于意识的客观实在性

观点一：物质是对各种实物、具体物质存在形态的共同本质的高度抽象。

观点二：运动是物质的根本属性，时间和空间是运动着的物质的基本存在形式。

观点三：现实中的物质存在可分为两种，即自然存在、社会存在。自然存在包括无机界和生物界，社会存在包括物质生产方式以及自然环境、人口因素等。

观点四：物质决定意识，意识是物质世界发展到一定阶段的产物，是客观世界的主观映象。物质决定意识原理，是马克思主义哲学的基本观点，是马克思主义理论的基石。这一基本原理要求我们，想问题、做工作、办事情要一切从客观实际出发，而不能从主观愿望出发。

2. 实践是人的存在方式和社会生活的本质

观点一：实践是客观世界与主观世界、自在世界与人的世界分化与统一的基础，是人为了解决自身需要与外部世界的矛盾而能动地改造世界的物质活动，是自觉能动的活动，是社会历史的活动。实践一开始就是社会实践，是历史地发展着的实践。

观点二：人的实践活动是社会性的活动，在实践活动中，主体是人、客体是作为主体活动对象的事物。物质工具是主客体相互作用的中介。主体通过物质工具作用于客体，并使主客体之间发生相互作用，就构成了实践活动。

观点三：实践过程包含三个基本环节：实践目的确立，主体通过中介作用于客体，实践结果的检验与评价。

3. 世界上的事物处在普遍联系之中

观点一：普遍联系引起事物的运动和发展。联系与发展的观点是马克思主义哲学的基本观点。任何事物都与其他事物处于相关性之中，事物内部诸要素也处于相关性之中。相关性集中体现为事物之间、事物内部诸要素之间的相互作用。相互联系和相互作用必然导致事物的运动、变化、发展。

观点二：联系和发展是通过一系列基本环节得以实现的。整体与部分、内容与形式、本质与现象、原因与结果、必然与偶然、现实与可能等范畴构成了联系与发展的基本环节。

观点三：联系与发展一系列基本环节的展开，包含并体现为一系列基本规律：对立统一、量变质变、否定之否定规律。

4. 人类社会的发展是一个自然历史过程

观点一：人类社会的运动有其自身规律。人类社会运动规律与人的活动有着内在联系。人的活动具有主观能动性，但主观能动性的发挥与实现受到自然条件、社会条件和精神条件的制约。

观点二：人类社会的发展是一个自然历史过程，是一个不以人的主观意志为转移的、客观的、必然的过程。

观点三：人的实践活动是有意识、有目的的活动，实践活动所形成的历史结果不以个人的意识和目的为转移，是无数相互交错的力量所形成的合力，即“历史合力论”。

观点四：人类社会的发展是历史规律的决定性与现实的人的主观能动性的有机统一。历史发展的决定性包含着历史主体的选择性，历史发展过程中的选择性不是对历史规律决定性的否定，它是由人们不能自由选择的现实生产力状况决定的。人们的历史选择并不能改变人类历史的总体进程。

5. 生产力与生产关系矛盾运动决定社会发展总趋势

观点一：人类在物质生产活动中形成了生产力和生产关系。生产力与生产关系的统一就是生产方式。生产方式构成了人类社会存在的基础，决定着社会的结构和性质。

观点二：生产力与生产关系的相互作用形成了生产力与生产关系的矛盾运动。生产力对生产关系具有决定作用，生产力的性质决定生产关系的性质，生产力的发展决定生产关系的变革。生产关系要适应生产力状况，对生产力具有反作用。

观点三：生产力与生产关系的矛盾和经济基础与上层建筑的矛盾密切相关。经济基础与上层建筑的矛盾根源于生产力与生产关系的矛盾，生产力与生产关系矛盾的解决又有赖于经济基础与上层建筑矛盾的解决。

观点四：经济基础与上层建筑以一定形式结合起来，构成了社会形态。生产力与生产关系、经济基础与上层建筑的矛盾运动推动并决定着社会形态不断更替。

6. 人民群众是创造历史的主体

观点一：人民群众作为社会生产的直接承担者，是社会物质财富和精神财富的创造者，是社会变革的决定性力量。

观点二：人民群众的活动构成整个社会生活的基础。从量的规定性上看，人民群众是社会成员中的绝大多数。从质的规定性上看，人民群众是推动历史前进的社会力量。

观点三：人民群众是创造历史的主体。同时，杰出历史人物在社会发展中具有重要作用。杰出人物是代表先进阶级、阶层、集团的利益，能反映时代要求，站在时代前列，在历史上起进步作用的历史人物。

7. 实践是认识的源泉

观点一：认识的基础是实践。实践是认识的来源，是认识发展的动力，是认识的目的，是检验认识是否正确的标准。

观点二：以实践为基础的人的认识活动，是主体能动地反映客体，在观念上把握客体和创造客体的活动，也就是在观念中实现主观与客观相统一的活动。认识活动的根本任务是实现主体与客体的统一，即主体正确地反映客体。

观点三：在主观与客观矛盾运动中，人的认识活动既表现为实践基础上的由感性认识到理性认识、再由理性认识到实践的具体的认识过程，又表现为从实践到认识、再从认识到实践的循环反复和无限发展过程。

（二）辩证思维基本原理

思维形式所固有的辩证法对人类思维起着强制性的支配作用。客观辩证法在自然领域的表现称为“自然辩证法”，在历史领域的表现称为“历史辩证法”，在思维领域中具有客观意义的辩证规律性称为“思维辩证法”。客观辩证法以思维辩证法为“中介”，经过思维主体的主观意识领域，转化为“辩证思维”。

辩证思维是对思维辩证法的认识和运用。辩证思维的正确运用有助于科学把握社会发展趋势，准确判断现代化进程中的主要矛盾和主要问题。

1. 辩证思维和思维辩证法

观点一：辩证思维是客观辩证法的反映和人类认识史的总结，是以人类的辩证思维为研究对象的。客观辩证法在思维中通过客观和主观两种途径发生作用。客观途径是指，在作为自然过程的人类思维运动中，以不以人的意志和意识为转移的必然性而强制地表现出来的辩证规律性。主观途径是指：人类思维运动中受到思维主体意识支配、服从思维主体意志的思维辩证规律性。

观点二：思维辩证法是客观、强制性的，是有目的、不自觉的，却是不可抗拒的。辩证思维是主观、非强制的，是思维主体对思维辩证法的认识和运用，受思维主体意识支配。

观点三：马克思主义辩证思维是马克思、恩格斯在批判地吸取黑格尔辩证法“合理内核”基础上所创立的，是迄今为止最科学、最全面、最深刻的辩证思维。

2. 辩证思维的具体同一原则

观点一：辩证思维必须把握对象事物的具体同一性，在矛盾的对立统一中把握同一中的差异及差异中的同一，以在思维中再现作为“真实具体”的事物矛盾的统一，形成思维的具体同一。思维作为客观现实的反映，呈现出发展的阶段性：一是从感性具体到思维抽象的阶段，二是从思维抽象到思维具体的阶段。

观点二：具体问题具体分析是马克思主义活的灵魂。分析任何一个社会问题，都要把它放在一定的历史范围之内，对社会现象应当从其内在性质、空间范围和时间特性等方面进行具体的考察研究，作出定性、定量和定时的分析与判断，从与其他事物的各种联系中获得对于特定社会事件的具体了解和掌握。

3. 辩证思维的矛盾运动原则

观点一：辩证思维必须把握对象事物的矛盾运动规律，在事物矛盾运动中展现其发展趋势；以概念展开为判断、推理的思维辩证运动，再现对象事物的辩证过程。

观点二：体现辩证思维矛盾运动原则的逻辑方法，主要是逻辑与历史相一致的矛盾分析法。一是辩证思维是客观现实辩证运动的反映。二是辩证思维是人类认识史的反映和总结。

观点三：思维矛盾运动原则展现的辩证思维推理是在社会实践基础上进行的。概念展开为判断、推理的每一步都必须接受实践的检验，必须符合客观现实，遵循客观规律。这就是辩证思维的基本要求——从实际出发，即观察的客观性、分析问题的客观性。

观点四：中国共产党一贯坚持的实事求是的思想路线，就是以从实际出发作为实质内容的。把握“从实际出发”这一辩证思维方法的基本环节，是坚持实事求是思想路线的重要组成部分之一。历史充分表明，只有遵循辩证唯物主义的认识路线，遵循辩证思维基本原则提出的“从实际出发”的基本要求，我们党的政治路线才有思想理论上的保证。

观点五：“从实际出发”是现代化管理、科学决策的重要思想前提和方法论原则。任何脱离实际的主观臆断和不符合客观现实的“瞎指挥”都有悖于现代化管理的宗旨。

4. 辩证思维的全面综合原则

观点一：辩证思维为了全面而具体地揭示事物的内在矛盾和事物发展的矛盾规律及趋势，必须多角度、多侧面、多层次地综合考察对象事物；在思维中全面而具体地再现作为“多样性的统一”的对象事物的多方面属性、多层次本质和多侧面规律，完整地揭示对象事物的整体本质。

观点二：辩证思维综合原则集中体现了辩证思维的基本规律——分析综合结合律。即辩证思维必须在对矛盾的分析与综合中进行，要分析对象的各种矛盾，矛盾的各方面、各阶段，又要综合把握矛盾总体、矛盾运动的全过程。具体地，要在同一与差异、要素与系统（部分与整体）、一事物与他事物的相互联系中，有分析地对事物做多关系、多层次、多侧面的整体考察；要通过对象领域基本关系的分析与综合，展现对象发展的必然趋势。

观点三：辩证思维的分析与综合必须坚持全面的原则和历史的原则。坚持全面性原则，就是对事物的矛盾总体和矛盾各方的特点作深入而细致的分析和综合；坚持历史的原则，就是把对现状的研究和历史的研究结合起来，把问题提到一定的历史范围内去分析和综合，也就是置于一定的时间、地点和条件下。

观点四：辩证思维分析与综合的全面性与历史性原则，在现代科学的高度分化和高度综合的发展进程中得到了充分体现。现代科学理论的高度分化与高度综合的相互交叉，就是分析与综合相结合。分析的全面性必然导致综合的具体性，而思维高度综合化以全面的分析性为基础。

观点五："人本—科学主义"两股思潮的兴起和分化，是哲学理论的进步，体现了辩证思维的分析综合结合规律。

观点六：辩证思维的根本特征，是以辩证的（即联系和矛盾的）观点看待客观事物和人类思维，实质在于"辩证"二字。一是具体性，即辩证思维必须是具体思维，辩证思维形式必须体现对象的多样性的统一；二是系统性，即辩证思维必须是全面的、系统的思维，必须是对事物多形态、多侧面、多关系、多层次的综合把握；三是灵活性，即辩证思维必须是综合把握事物发展趋势的思维，是对事物系统发展的动态过程的把握，必须体现对象运动的灵活性与确定性的统一。

5. 辩证思维方法的自觉运用

观点一：立足当代现实，发展辩证思维理论的三条路径：一是对当代社会发展（尤其是社会主义建设实践经验）做出新的理论概括；二是对现代科技革命最新成果做出新的理论概括；三是正确回答当代世界范围内各种社会思潮的挑战。

观点二：辩证思维是一门包容性很强的学科：一是辩证思维的理论内涵的包容性，二是辩证思维不同理论观点的包容性。即便是马克思主义的辩证思维理论，也并未穷尽辩证思维基本原则。辩证思维理论将随具体科学的发展而发展，辩证思维具体原则也将随具体科学的发展而发展。

观点三：在科学认识过程中，对一个新的认识成果的确证是一个辩证的、充满矛盾的发展过程，其中包含着强证实性确证与弱证实性确证的统一、定性分析与定量分析的统一、逻辑验证与经验验证的统一、论据与背景理论或辅助理论的统一等。一个复杂的确证必然是一个多种矛盾的统一体，要考察这种多元关系，显然离不开辩证逻辑，离不开辩证思维基本原则。

观点四：要正确认识自然与社会的关系，把对社会研究纳入“自然—社会”的大系统中加以考察，赋予社会认识活动以宏观的历史背景。正确认识个人与社会的关系，以现实的人作为出发点，去把握社会的总体运动和结构；把各种分散、零碎的社会现象看作社会总体运动的有机组成部分，在各种社会要素的有序联系中揭示社会有机体的内在组织结构，特别要着力揭示生产方式在社会系统演变中的决定作用。

（三）系统科学基本原理

现代社会科学研究的每一个基本要素，都不是孤立的，它既在自己的系统之内，又与其他各系统发生各种形式的联系，因此必须运用系统理论进行系统分析。

1. 系统理论的基本观点

观点一：系统，是由相互作用和相互依赖的若干部分（要素）组成的具有确定功能的有机整体。系统是普遍存在的。

观点二：系统整体性原理。系统是由若干要素组成的具有一定新功能的有机整体，各个作为系统子单元的要素一旦组成系统整体，就具有独立要素不具有的性质和功能，形成了新的系统的质的规定性，从而表现出整体的性质和功能不等于各个要素的性质和功能的简单加和。

观点三：系统层次性原理。由于组成系统诸要素的种种差异包括结合方式上的差异，从而使系统组织在地位与作用、结构与功能上表现出等级秩序性，形成具有质的差异的系统等级。

观点四：系统开放性原理。系统具有不断与外界环境进行物质、能量、信息交换的性质和功能，系统向环境开放是系统得以向上发展的前提，也是系统得以稳定存在的条件。

观点五：系统目的性原理。组织系统在与环境的相互作用中，在一定的范围内其发展变化不受或少受条件变化或途径、经历的影响，坚持表现出某种趋向预先确定的状态的特性。

观点六：系统突变性原理。系统通过失稳从一种状态进入另一种状态是一种突变过程，是系统质变的一种基本形式，突变方式多种多样，同时系统发展还存在分叉，从而有了质变的多样性，带来系统发展的丰富多彩。

观点七：系统稳定性原理。在外界作用下开放系统具有一定的自稳定能力，能在一定范围内自我调节，从而保持和恢复原来的有序状态、保持和恢复原有的结构和功能。

观点八：系统自组织性原理。开放系统在系统内外因素的复杂非线性相互作用下，内部要素的某些偏离系统稳定状态的涨落得以放大，从而在系统中产生更大范围的更强烈的长程相关，自发组织起来，使系统从无序到有序，从低级有序到高级有序。

观点九：系统相似性原理。系统具有同构和同态的性质，体现在系统结构和功能、存在方式和演化过程具有共同性，这是一种有差异的共性，是系统统一性的一种表现。

观点十：系统思想和方法促使社会科学研究观念发生了重大变革，

具体表现在整体思想、多向度思维、开放式思维、动态思维等方面。

观点十一：运用系统论方法研究战略、决策、管理问题，主要包含六个方面：一是系统要素，分析系统由什么组成，要素是什么，可分为哪些子系统；二是系统结构，分析系统内部组织结构如何，组成系统的各要素相互作用的方式是什么；三是系统功能，弄清系统及其要素具有什么功能；四是系统集合，弄清维持、完善与发展系统的源泉和因素是什么；五是系统联系，研究某一系统同其他系统在纵、横各方面的联系是怎样的；六是系统历史，弄清系统是如何产生的，经历了哪些阶段，发展的历史前景如何。

2. 系统的整体效应

观点一：系统分析方法与传统分析方法截然不同，它不是先把对象分成几部分然后再综合起来，而是自始至终把对象作为整体来对待，从整体与部分相互依赖、相互结合、相互制约关系中，揭示系统的特征和运动规律。

观点二：改革要重视整体效应。改革既要重视部门、单元、小系统的改革，更要重视改革的整体结构，以取得优化的整体效益。

观点三：政策制定必须重视整体效应。一项政策的制定是为了解决或缓解某个子系统的矛盾而提出来的，应该多从子系统的角度来考虑问题。但是政策制定出来后，必须在大系统中进行模拟或估测，研究该政策与其他政策的协同关系，以求政策取得良好的整体效应。

3. 系统的结构优化

观点一：社会科学研究就是研究科技、经济、社会协调发展的宏观结构，通过认识和变革宏观结构的方式，以求得符合优化原则的发展方向和发展规划。

观点二：制定战略规划时，不但要注意研究单元和要素，更要集中研究系统内部要素之间的相互关系，研究系统的结构。唯此，才能发挥系统的整体优化功能，达到社会科学研究的目的。

参考文献

[1] 王锡渭:《新编大学写作教程》,北京大学出版社 2011 年版。

[2] 刘海涛、金长民:《写作学新教程》,南京大学出版社 2013 年版。

[3] 雄文:《文稿还能这样写——出彩写作法:一个老写手的隐性经验》,中译出版社 2017 年版。

[4] 胡森林:《公文高手的修炼之道——笔杆子的写作必修课》,人民邮电出版社 2018 年版。

[5] 谢亦森:《大手笔是怎样炼成的——资深老秘书的公文写作秘笈(理论篇)》,长江文艺出版社 2013 年版。

[6] 李雪勤:《怎样起草文稿》,浙江人民出版社 2019 年版。

[7] 臧杰斌:《谈谈文稿服务中的几点体会》,《秘书工作》2017 年第 5 期。

[8] 马国华:《文稿起草"八步法"》,《秘书工作》2016 年第 7 期。

[9]〔美〕杰拉尔德·格拉夫、凯茜·比肯施泰因:《高效写作的秘密》,天地出版社 2019 年版。

[10]〔日〕高杉尚孝:《麦肯锡教我的写作武器——从逻辑思考到文案写作》,北京联合出版公司 2013 年版。

[11]〔美〕史蒂芬·平克:《风格感觉:21 世纪写作指南》,机械工业出版社 2018 年版。

[12] 宋方敏:《习近平国有经济思想研究略论》,《政治经济学评论》2017 年第 1 期。

[13] 周权雄:《习近平国企改革思想的理论基础与时代价值》,《探求》2017 年第 3 期。

[14] 侯树栋:《邓小平方法论简论》,《求是》2001 年第 15 期。

[15] 黄群慧:《"新国企"是怎样炼成的 ——中国国有企业改革 40 年回顾》,《中国经济学人》2018 年第 1 期。

[16] 陈一新:《认真学习贯彻习近平总书记科学方法论 不断提高新时代政法工作领导水平》,《求是》2018 年第 6 期。

[17] 陈清泰:《当今国有企业改革中 11 个重点问题》,《改革内参》2018 年第 26 期。

[18] 赵琳:《改革先行者再议国企改革 2018 年莫干山会议有关专家和观点》,《改革内参》2018 年第 17 期。

[19] 中国民生银行研究院课题组:《国企改革的国际经验及推进我国国有企业改革的总体战略》,《改革内参》2018 年第 35 期。

[20] 孔泾源:《混合所有制改革政策及创新要点》,《改革内参》2018 年第 7 期。

[21] 陈德铭:《全球化下的经贸秩序和治理规则》,《改革内参》2019 年第 2 期。

[22] 任腾飞:《习近平的国企足迹》,《国资报告》2017 年第 7 期。

[23] 刘青山:《回首改革路 整装再出发》,《国资报告》2018 年第 12 期。

[24]《马克思恩格斯全集》第 23 卷,人民出版社 1972 年版。

[25] 刘敬东、张玲玲:《〈实践论〉〈矛盾论〉导读》,研究出版社 2017 年版。

[26] 周振国等:《邓小平改革方法论》,河北出版社 2017 年版。

[27] 王维平:《全面深化改革》,人民出版社 2017 年版。

[28] 吴敬琏:《重启改革议程——中国经济改革二十讲》,生活 · 读书 · 新知三联书店 2016 年版。

[29] 邵宁:《国有企业改革实录》,经济科学出版社 2014 年版。

[30] 岳清唐:《中国国有企业改革发展史(1978—2018)》,社会科学出版社 2018 年版。

[31] 魏佳宁:《改革方法论与推进方式研究》,人民出版社 2017 年版。

[32] 桓宽:《盐铁论》,安徽大学出版社 2012 年版。

[33] 吴晓波:《中国历代经济变革得失》,浙江大学出版社 2013 年版。

[34]〔美〕卞历南:《制度变迁的逻辑——中国现代国营企业制度之形成》,浙江大学出版社 2011 年版。

[35]〔法〕让 · 雅克 · 拉丰等:《政府采购与规制中的激励理论》,上海人民出版社 2004 年版。

[36]〔法〕马克斯 · 韦伯:《新教伦理与资本主义精神》,北京大学出版社 2017 年版。

[37]〔日〕涩泽荣一:《论语与算盘》,九州图书出版社 2012 年版。

[38]〔法〕笛卡尔:《谈谈方法》,商务印书馆 2000 年版。